KB110549

박정희

# 차례
Contents

# 들어가는 글

　사람은 본래 보수와 진보의 두 날개로 이 세상을 살아간다. 익숙한 시공간에 안주해서 안정을 찾으려고 하는 것은 '심리적 보수주의'다. 또한 인간은 변화를 추구하기도 한다. 그렇게 살가운 공간도 시간이 지나면 지겹다. 전혀 다른 곳으로 휴가를 가거나 일탈을 경험해 보려는 생각마저 든다. 이런 성향을 '심리적 진보주의'라고 해도 큰 허물은 아닐 성싶다. 그래서 사람은 때로는 안정을 만끽하지만 때로는 변화와 모험을 추구한다. 보수와 진보가 균형을 이루어야 합리적 인간이다.

　진보와 보수 심리는 정치에도 투영된다. 정치의 속내를 뒤집어 보면 기존의 것을 지키려는 세력과 이를 부수고 혁신해 새로운 세상으로 가려는 세력 간의 균형과 견제, 충돌과 화해의 역사가 보인다. 한때 진보의 중심에 섰던 세력은 시간이 흐르면서 기득권층이 되어 보수화하고, 또 다른 혁신적 진보세력이 역사의 물줄기를 바꾸는 역동적인 모습까지 펼쳐진다.

20세기 후반에 들어서면서 보수와 진보는 각기 순도純度를 높이기보다는 상대방의 장점을 자신의 것으로 만드는 일에 더 많은 공을 들여왔다. 특히 유럽이 그랬다. 프롤레타리아 혁명을 주창한 과거 공산 정당은 사회주의 혹은 사회민주주의로 말을 바꿔 합법의 공간으로 진입했다. 보수 정당은 진보 진영이 가졌던 사회 개혁을 자신의 프로그램으로 받아들였다.

가장 극적인 성공 사례는 영국 노동당이다. 본래 20세기 초 런던에서 만든 노동자대표위원회(LRC)가 노동당의 전신이므로 진보주의의 상징이라고 할 만하다. 그런데 1994년 노동당 총재 경선에 출마한 토니 블레어Tony Blair는 '신新노동정책'을 내세워 총재에 올랐고, 1997년 5월 총선에서 마침내 보수당의 장기 집권을 끝냈다.

집권 노동당 총리 블레어의 정책은 전통 노선과는 거리를 두었다. 마치 보수당 같은 정책이 쏟아졌다. 노동당 전통주의자들은 보수당의 옛 이름인 토리Tory당에 빗대어 토니 블레어를 '토리 블레어'라고 비아냥거렸다. 원조 보수주의자 마거릿 대처Margaret Thatcher 전 총리는 "토니와 내가 다른 건 남자와 여자라는 사실 뿐"이라고 혀를 내두를 정도였다. 보수당의 원로로서 보수 정책의 장점을 싹쓸이하는 블레어가 얄밉지 않았겠는가? 블레어가 퇴임한 2007년 6월까지 보수당은 그저 영국 정치의 아웃사이더마냥 노동당의 '원맨쇼'를 물끄러미 바라볼 수밖에 없었다.

블레어의 10년은 영국의 이라크전 참전 등 실정失政도 있었지만 적어도 먹고사는 문제에서는 2차 세계대전 이후 가장 안정된 성장기로 기록되었다. 국가 발전을 위해서는 진보와 보수, 좌와 우를 모두 포괄하는 융합과 통합의 흐름이 세계의 정치, 경제, 사회 모든 부분의 트렌드가 되었다.

그런데 유독 한국 정치만 세상 돌아가는 흐름을 애써 외면하는 듯하다. 다람쥐 쳇바퀴 돌듯 눈을 감고 귀를 틀어막은 채 갈등과 대결의 두 바퀴만 돌리고 또 돌리고 있다. 혹 여당이 야당의 정책을 현실화하거나 그 반대 현상이 벌어지면 언제 그랬는지 시침 뚝 떼고 반대하기 일쑤다. 정책은 안중에도 없다. 상생과 화합을 통해 민족과 국가의 발전을 도모한다는 대의명분조차 숨어 버렸다. 반대를 위한 반대, 대결을 위한 대결에 거의 목숨을 건다.

이 소모적 대결의 현장에 끌려 들어오는 단골 메뉴는 바로 박정희朴正熙(1917~1979) 전 대통령이다. 가장 큰 이유는 지금 한국의 정당 뿌리와 관련이 있기 때문이다. 정당 자체가 박정희의 유산을 이어받았다고 주장하는 산업화 세력과 박정희 통치 시대 때 민주화 운동의 연장선상에 있는 민주화 세력으로 크게 나뉘어 있다. 좋든 싫든 지금 존재하고 있는 모든 정당은 박정희와 관련이 있다.

조금 거칠게 얘기하면, 각 정당의 구성원들은 정책의 차별

성조차 박정희에 대한 호불호에 따라 나뉘어 있다고 할 수 있다. 그것도 박정희 정책을 치밀하게 접근해서 비판하고 수용하는 것은 더더욱 아니다. 그저 "난 저 인간이 독재자라 싫어"라거나 "우리 민족을 구한 유일한 영웅이지"라는 극히 초보 수준에 불과하다. 정당의 선명성 경쟁이라는 것도 결국 따지고 보면 포장지만 화려한 '영웅'으로 만들거나 논할 가치도 없는 '쓰레기'로 만드는 단세포 같은 평가 일색이다.

이번에는 아주 거칠게 얘기해 보자. 서양 정치사에서 말하는 진보와 보수의 개념은 한국에서는 '빛 좋은 개살구'다. 한국에서 보수와 진보는 친親박정희, 반反박정희다. 그것도 박정희 정책에 대한 세밀한 탐구는 생략된 채 그저 찬반의 이분법으로 무 자르듯 가른 뒤 '넌 보수, 난 진보'라고 주장할 뿐이다.

그러니 박정희에 대한 양측의 평가도 천편일률이다. 박정희 체제에서 반독재, 민주화 투쟁을 했던 민주화 세력을 뿌리로 갖고 있는 정당 구성원들은 거의 예외 없이 박정희를 '광기로 가득한 히틀러'의 이미지로 인식한다. 박정희가 친일분자였으며 5.16 쿠데타를 일으켜 불법으로 집권했다는 것이다. 또한 온갖 부정한 수단을 동원해서 선거를 치렀으며 국민의 민주화 열망을 탄압했다. 그것도 모자라 1972년 유신헌법까지 선포해 헌정까지 중단시킨 뒤 자신의 집권을 영구화하려 했기 때문에 박정희는 권력욕에 사로잡힌 야만스런 독재자일 뿐이라는 것이다.

박정희의 가장 큰 업적이라고 하는 경제개발도 결국 정경유착이나 재벌 육성에 불과했으며, 현재 한국 경제가 안고 있는 구조적인 문제점조차 개발 독재 시절 박정희가 뿌려놓은 원죄라는 것이다. 따라서 박정희가 없었다면 국민의 지지를 받는 민주 정부가 수립되어 진정한 시장경제 체제를 발전시켰을 것이고 우리는 이미 선진국이 되었을 것이라는 주장이다.

반면에 스스로 박정희의 적자適者로 여기고 있는 산업화 세력은 하나같이 박정희를 '조국 근대화의 아버지'로 추앙한다. 그나마 지금 한국이 이 정도 먹고살 수 있는 것은 순전히 박정희 덕택이라는 것이다. 박정희가 없었다면 우리는 무능한 정치인 아래에서 여전히 가난에서 벗어나지 못했을 것이라는 주장이다.

더군다나 박정희는 시대의 흐름에 편승한 소인배가 아니라 민족을 발전시킬 수 있는 진정한 리더십의 사표라는 신념이 철철 넘친다. 그가 없었다면 경제 발전을 이루지 못했을 것이라고 확신한다. 경제 발전에 대한 확실한 신념과 추진 전략, 그리고 지도자로서의 전망을 가진 진정한 지도자임을 확신한다. 또한 이들은 이렇듯 박정희가 뛰어난 지도자이기 때문에 중국의 덩샤오핑(鄧小平, 1904~1997)이나 후진타오(胡錦濤, 1942~ ) 현 주석, 말레이시아의 마하티르(Mahathir bin Mohamad, 1925~ ) 전 총리, 그리고 싱가포르의 국부 리콴유(李光耀, 1923~ )까지 박정희를 배우고자 했다고 본다. 산업화 세력의 후계자들에게 박정희는 '민족을 구한 영웅'이다.

한국의 정치판이 박정희의 정책에 대한 생산적인 논쟁이

아니라 '포장지 논쟁'에 휩싸여 있는 동안 세상은 빠르게 변화하고 있다. 보수와 진보, 이념적인 좌와 우 등 모든 요소에서 자신에게 필요한 것을 배워 국가 발전의 원동력으로 삼으려는 노력이 전 세계 차원에서 진행되고 있다. 본래 정보기술(IT) 산업에서 시작된 컨버전스Convergence 혁명이 모든 부문으로 확산되고 있다. 선진국의 정치도 마찬가지다. 다른 나라가 가지고 있는 장점은 적극 받아들여 정책을 발전시켜 나간다. 한 국가의 국내 정치 수준이야말로 국가 경쟁력의 주요 요소로까지 인식되고 있는 것이 오늘의 세계이다.

이제 한국 정치도 변해야 한다. 정치에서도 컨버전스 혁명이 이뤄져야 한다. 과거를 단순히 청산할 대상으로 보기보다는 과거와 현재에 유용한 장점들을 모아 미래를 위한 초석으로 삼아야 한다. 이 글의 목적도 여기에 있다. 터무니없이 과대평가되거나 형편없이 폄하된 경제 지도자로서의 박정희 리더십을 제대로 평가해 보자. 또한 냉정하게 들여다보고 박정희의 리더십을 미래의 한국을 건설하는 데 교훈으로 삼아 보자. 실패한 것은 타산지석으로 삼고 성공한 것은 초일류 국가 대한민국을 건설하기 위한 중요한 교훈으로 삼아야 한다. 이제 우리의 정치도 결단을 내릴 때가 왔다.

# 정통성은 가난퇴치로부터

약간 뜬금없어 보이는 얘기부터 해보자. 전 세계 남자들 가운데 1억3000만 명이 동시에 사용하는 물건이 있다. 바로 질레트Gillette라는 회사가 만든 면도기다. 세계 점유율 70% 이상이다. 1997년에 마하스리Mach3라는 새 면도기를 출시해 화제가 되었다. 제품 개발에만 6년, 쏟아 부은 돈은 7억5000만 달러에 달했다. 같은 기간 한국에 있는 모든 자동차 회사들이 신차 개발에 쓴 비용과 엇비슷할 정도다.

질레트가 신제품 개발에 이렇듯 많은 투자를 하는 까닭은 이 회사의 연구 개발 전략과 깊은 관계가 있다. 본래 어떤 제품이든 연구 개발하기 전에 꼭 하는 것이 있다. 바로 현재 고객이 요구하는 것이 무엇인지, 시장의 흐름은 어떤지 등을 파악하는 시장조사다.

그런데 질레트는 이런 과정을 밟지 않는다. 질레트의 신제품은 고객의 현재 욕구에 맞춘 것이 아니라 미래에 맞춰 놓았기 때문이다. 질레트 연구개발팀은 최고의 기술을 동원해서 고객들이 현재 상황에서 기대조차 하지 않는 미래지향적인 첨단 제품을 만든다. 질레트 제품의 시간표는 고객의 현재가 아니라 미래에 맞춰져 있다. 몇 년 뒤에 쓸 제품을 개발해 놓은 다음 고객을 미래로 끌고 가는 미래지향적 마케팅으로 세계 시장을 지배하고 있는 것이다.

질레트의 연구 개발 전략을 예로 든 이유는 박정희의 정책 집행 방식이 이와 꼭 닮았기 때문이다. 박정희는 경제 정책에 관해서는 이미 1960년대부터 질레트와 같은 방식이었다. 현재 요구에 충실한 고객을 미래로 끌고 갔던 질레트의 전략처럼 박정희의 정책 역시 미래지향적이어서 당대 국민들조차 의아해하거나 이해하지 못했고 또 상당한 반대에 부딪히기도 했다.

"그깟 면도기 개발에 왜 천문학적 돈을 쏟아 붓느냐"며 당시 사람들은 질레트를 이해하지 못했다. 박정희가 1967년 대선에 출마했을 때 "고속도로를 건설하겠다"는 공약을 걸자 모든 지식인들과 정치인들 역시 비웃었다. 당시 국도나 지방도로 어느 곳도 거의 포장되지 않은 시절이다. "있는 도로나 포장하지, 웬 쓸데없는 고속도로로 허장성세를 부려?" "국민소득이 겨우 100달러를 넘어선 나라가 무슨 고속도로를 건설한다고?" "차도 몇 대 안 되는 나라에 무슨 고속도로야?" 하면서 비아냥거렸다.

박정희는 결국 고속도로 건설을 밀어붙였는데, 사람들이 전혀 예상하지 못한 상황이 벌어졌다. 차가 많지 않았던 시절이라 왕복 4차선 계획만 잡혀 있었다. 그런데 박정희는 토지 수용 과정에서 땅을 더 확보하라는 지시를 내렸다. 차가 점점 많아져 나중에는 왕복 4차선 도로도 부족할 것이라고 계산했기 때문이다. 박정희의 조치에 대해 대다수 국민들은 마뜩찮게 생각했고 더러 불만을 털어 놓기도 했다. 그런데 세월이 한참 흐른 뒤 모두들 고개를 끄덕일 수밖에 없었다.

## 가난을 물리쳐야 국민이 인정한다

1961년 5월 16일, 박정희는 한국 정치의 전면에 전격 등장했다. 무력으로 정권 교체를 단행한 것이다. 산업화 세력은 '5.16 혁명'이라고 하고 민주화 세력은 '5.16 군사 쿠데타'라고 한다. 쿠데타로 볼 것인가 아니면 혁명으로 볼 것인가는 단순한 용어의 문제만은 아니다. 혁명은 '구국적 결단'을 정당화하지만 쿠데타는 '군부의 권력 찬탈'이라는 부정적 의미이기 때문이다.

이 논쟁은 자연스레 제2공화국 민주당 정권의 실체와 연결된다. 제2공화국이 부정부패로 얼룩진 무능한 정부였다면 박정희의 5.16은 명분이 있다. 하지만 그 반대라면 권력 찬탈이 분명하다. 문제는 장면張勉 총리를 중심으로 한 민주당 정권

11

의 실체에 대해서도 딱 부러지게 결론을 내리기가 힘들다는
데에 있다.

　민주당은 이승만李承晚 자유당 정권의 장기 집권과 독재, 부
정부패를 해소해 달라는 국민의 염원을 안고 출발했다. 제2공
화국은 4.19의 빛나는 혁명 정신인 주권재민主權在民의 반석
위에 출범한 민주주의의 상징이었다. 대의명분에서 민주당의
정통성은 완벽했다.

　그런데 이 정권은 출범할 때부터 불안정했다. 집권당 내부
에서 신파와 구파 간의 갈등이 불거지더니 구파가 떨어져 나
가 신민당이라는 독자 정당을 만들었다. 그것도 모자라 민주
당 신파도 결국은 노장파, 소장파, 협상파 등으로 계속 분열되
었다. 집권 후 약 9개월 동안 네 번이나 개각을 단행했으나 정
국은 여전히 오리무중이었다. 정치의 주체가 이러니 국민들도
덩달아 억눌려 온 요구를 각종 시위를 통해 요구하느라 시위
가 끊이지 않았다.

　민주당 정권은 명분은 확실하지만 실체는 지극히 불안정했
다. 그렇다면 민주당의 혼란상이 과연 국민을 위험에 빠뜨릴
만큼 총체적 위기였느냐 하는 것이 논란의 핵심이다. 학자들
의 해석도 다르고, 훈수를 두는 정치 세력들의 입장도 확연히
다르다. 하지만 분명한 것은 육군소장 박정희는 이런 정치의
난맥상을 명분으로 내세워 불법으로 정권을 장악했고 헌법을
정지시켰다는 사실이다.

　더욱이 박정희는 자신의 권력 정당성을 과거 민주당 정권

의 불안정과 혼란에 두지 않았다. 그가 국민들에게 한 약속을 지키면 국민들이 5.16을 인정해 주고 또한 권력의 정당성도 부여해 줄 것으로 믿었다. 박정희의 약속은 군사혁명위원회 이름으로 내건 혁명공약이다. 혁명공약은 "반공을 국시로 삼는다"는 항목으로 시작해 모두 6개다. 이 중 경제와 관련된 것은 넷째와 다섯째 공약이다. 넷째 공약은 "절망과 기아에 허덕이는 민생고를 시급히 해결하고 국가 자주 경제 재건에 총력을 경주한다"로 되어 있는데, 1960년대 박정희 경제의 핵심이다. 다섯째 공약은 좀더 포괄적이다. "민족의 숙원인 국토통일을 위해 공산주의와 대결할 수 있는 실력을 배양하는 데 전력을 집중한다"는 것이다. 1960년대 남한보다 월등히 잘살았던 북한과 "누가 더 잘사는지 보자!"며 경쟁의 불을 질러 그결과 경제 전쟁을 하도록 이끌었다. 경제지표는 가장 눈에 잘보이는 성적표였다.

### 자주 경제, 선택이 아니라 지상 과제였다

박정희 최초의 경제 공약은 기아에 허덕이는 민생고를 해결하는 것과 자주 경제에 맞춰져 있다. 바로 박정희 경제 리더십의 출발점이다. 민생고를 해결하고 자주 경제를 확립할 수만 있다면 리더십의 목표를 달성할 수 있고 또 정당성을 부여받을 수도 있을 것이라 믿었다.

통계만 봐도 '기아에 허덕이는 민생고'의 실체는 분명하다.

1961년 한국의 1인당 소득은 89달러로 세계 125개국 중 101번째로 최빈국 그룹에 속했다. 당시 북한은 320달러로 세계 50위에 들 정도로 잘살았다. 이때만 해도 보릿고개의 후유증이 여전히 남아 있었다. 보릿고개는 음력 4~5월 무렵의 춘궁기다. 가을 추수 때 수확한 농작물은 빚을 갚거나 소작료를 내고 나면 거의 남지 않는다. 그나마 가을에 조금 남겨 둔 식량은 다음 해 봄이 오기 전에 다 떨어지고 말았다. 봄이 오면 산과 들에 핀 진달래로 허기를 달랬다. 풀뿌리나 나무껍질로 끼니를 때우거나 걸식을 하기도 했다. 빚을 얻어 연명하기도 했으며 유랑민이 되어 떠돌아다니기도 했다. 이 보릿고개를 넘기지 못하고 죽는 사람도 적지 않았다. 1950년대 중반까지 이런 악순환은 계속되었다.

그러다 보릿고개가 조금 완화된 것은 순전히 미국의 원조 덕택이다. 미국 정부가 잉여농산물 재고 처리와 이를 통한 군수물자 판매를 주목적으로 1954년 제정한 공법 480호(PL 480)가 대표적인 원조 수단이었다. 미국에서 과잉 생산된 농산물들을 그대로 두면 가격 폭락으로 이어질 수밖에 없어 미국 정부나 사회단체가 사들여 외국에 원조해 주는 성격이었다.

미국의 원조가 들어오면 정부는 동일한 액수의 화폐를 특별계정에 적립하는데 이를 대충자금對充資金이라고 한다. 대충자금은 양국 합의에 따라 10-20%를 주로 한국 내 미국기관이 사용했다. 나머지 80-90%는 한국 정부가 사용했으며 상당부분 미국산 무기를 구입하는 국방비로 사용되기도 했다.

이 때문에 PL 480의 성격을 둘러싼 논쟁도 여전히 계속되고 있다. 우선 미국은 잉여 생산물을 처리하는 동시에 대충자금으로 미국 무기를 사게 함으로써 군수 산업도 발전시키려는 의도가 있었다는 것이다. 이를 통해 항구적으로 한국을 지배하기 위한 미국의 교묘한 정치 계산이 포함되어 있었다는 비난이 있다. 또 값싼 미국 농산물의 유입으로 한국 농업이 걸음마 단계에서 치명상을 입었다는 주장도 있다.

미국의 원조는 분명 양면성이 있다. 그러나 더욱 중요한 것은 미국의 원조로 우리 국민들이 모진 세월을 견디고 살아남을 수 있었다는 사실이다. 굶어 죽는 사람이 속출하는 마당에 미국의 음모라는 이유로 이를 마다할 수 있는 지도자가 과연 몇이나 될까?

이게 바로 한국의 불행이었으며 또 박정희의 딜레마였다. 1954년부터 1961년까지 PL 480에 따라 미국은 한국에 모두 2억264만8000달러를 원조했다. 미국 국제개발처(AID) 차관까지 포함하면 모두 20억8834만 달러에 달한다.

박정희가 '자주 경제'를 구호로 내건 것도 이와 상당한 관련이 있다. 미국의 음모로부터 나라를 지키겠다는 적극적 의도도 있었지만 미국이 원조 자체를 대폭으로 줄이기 시작했기 때문에 스스로 살아갈 방도를 마련하지 않을 수 없었던 것이다. 1954년 미국의 원조가 시작된 이래 1957년 한 해에만 3억8289만2000달러까지 올라가 최대를 기록했다.

그러나 이듬해부터 미국의 원조는 빠른 속도로 줄어들기

시작해 1960년에는 2억4539만3000달러로 내려갔다. 박정희가 정권을 장악한 1961년에는 미국 원조가 1억9924만5000달러까지 떨어졌다. 그런데도 정부 예산 가운데 미국 원조에 의한 대충자금 비율이 39.2%였고, 국방비 의존도는 무려 95.1%였다. 이는 미국의 원조가 없으면 한국의 재정은 파산이 불가피하다는 의미로 해석할 수밖에 없다.

자주 경제는 선택의 문제가 아니라 우리가 절박하게 해결해야 할 당면 과제요 지상 명령이었다. 박정희의 자주 경제 공약은 여기에서 출발하고 있다. 미국 원조에 의한 대충자금으로 정부를 운영한 것은 1954년에 시작해서 1970년 마침내 끝을 맺는다. 정부 재정의 대충자금 의존은 1965년에 34.2%로 서서히 떨어지기 시작했고, 1969년에 7.0% 그리고 마지막 해인 1970년에 5.1%로 줄어들었다. 국방비 의존도 1961년에 95.1%에서 1965년 64.8% 그리고 1970년에는 16.1%까지 줄어들었다. 박정희는 군사 쿠데타로 집권했으며 친미 정책으로 일관했다는 비난이 사실과 다르다는 것을 이 지표를 보면 알수 있다.

그렇다면 원조 자금으로 운영된 당시의 한국 경제가 살아날 가능성은 얼마나 되었을까? 박정희가 권력을 장악하기 전인 1960년 민주당 정권의 경제 운용 지표가 확실하게 보여준다. 수출은 3283만 달러, 수입은 수출의 10배가 넘는 3억4353만 달러에 이른다. 경제지표로는 파산 국가이며 정상 운영이 불가능한 상태다.

수입 내역을 봐도 마찬가지다. 밀과 보리 등 식료품(9.8%), 목재·생고무·양모·원면 등 비식용 원자재(20.4%), 석유류(6.8%), 시멘트·금속(철판)·종이·직물사 등 원료 및 제품 수입(14%) 등이다. 수입품 모두 국민 생활에 없어서는 안 될 필수품이다. 수입을 하지 않으면 나라를 끌어가기조차 불가능할 만큼 정말 긴요한 물품이다. 그런데 수입 대금의 71.7%조차 미국 원조에 의한 대충자금으로 간신히 지불할 수 있었다.

1970년대 대표적 마르크스주의 경제학자인 안병직安秉直 서울대 명예교수가 박정희에 대해 "과거 그를 타도해야 할 독재자로 봤지만 이젠 한국 근대화를 이끈 지도자로 본다. 박정희식 군부 독재가 아니었다면 경제 발전은 어려웠을 것"이라고 한 것도 바로 이런 점을 인식한 결과일 것이다.

# 좌충우돌 초보운전, 경제개발을 시작하다

　　1961년 5월 16일 전권을 장악한 군사혁명위원회는 사흘 뒤 이름을 국가재건최고회의로 바꾸었다. 장면 정권을 쫓아내고 권력을 잡았으므로 이제 군사혁명의 목표가 국가 재건으로 이동한다는 의미였다. 최고회의는 곧 산하에 다수의 민간인을 위촉한 '국가재건기획위원회'를 설립해 정부가 해야 할 우선과제를 선정하도록 했다.

　　당시 최고회의 기획조사위원회 조사과장으로 있던 오원철吳源哲은 『박정희는 어떻게 경제강국 만들었나』라는 회고록에서 "국가재건기획위원회는 경제개발 5개년 계획을 수립하여 강력히 추진해야 한다"는 건의 답신을 최고회의에 보냈다고 밝혔다.

물론 과거에도 경제개발 계획은 있었다. 이승만 정권에서는 타스카 계획(1954~1956), 네이산 계획(1954~1959)이 있었다. 제2공화국에서는 경제개발 3개년 계획(1960~1962)이 있었다. 경제개발 계획에 깊이 관여한 백영훈白永勳 전 중앙대 교수는 민주당 정권의 '경제개발 3개년 계획'을 상당 부분 참고하긴 했으나 '수출 주도형 경제성장 전략'으로 차별화할 수 있다는 점을 강조했다.

　　그러나 박정희의 경제개발 계획은 계획으로만 보면 전 정권의 것을 거의 그대로 베꼈다고 볼 수 있다. 국가재건기획위원회의 건의를 받은 군사정부는 다짜고짜 각 부처에 경제개발 5개년 계획을 작성하라고 지시했고, 과장급 이하 기술 관료가 시간에 쫓겨 만들어 낸 안이었다.

　　박정희 시절 경제 관료였으며 9년 3개월 동안 청와대 비서실장을 역임한 김정렴金正濂은 『아, 박정희』란 회고록에서 과거 정권의 경제개발 시안을 참고로 서둘러 만들었다는 사실을 분명해 밝혔다. 그래서 박정희 정부 경제개발 계획은 "대단히 조잡한 수준이었다"고 지적한 바 있다.

　　일단 각 부처에서 계획서가 올라오자 당장 이를 취합해 실행할 주체가 필요했다. 그러나 군사정부 자체도 경제개발을 해본 경험이 거의 없었기 때문에 우왕좌왕 제대로 진행되는 것이 없었다. 기본적으로 공장 건설이나 운영 등은 민간에서 맡아야 한다는 생각을 하고 보니 문제가 생겼다. 당시 민간 기업도 얼마 되지 않는데다 그나마 수입으로 폭리를 취하는 기업이 대부분이었다. 그래서 5.16 와중에 폭리 기업가들을 모조리 '부정 축재자'로 잡아 놓은 상태였다.

당시 제조 시설이라고는 1953년에 설립해 설탕을 생산하던 제일제당을 비롯해 손에 꼽을 정도였기 때문에 민간 기업마저 정부가 양성해야 될 판국이었다. 결국 군사정부는 7월 14일에 이들을 석방하면서 향후 경제개발 계획에 적극 협조하라는 당부를 했다. 부정 축재 혐의로 들어왔을 때 환수하기로 한 돈은 5개년 사업 이후 주식으로 납부하도록 했다. 경제개발을 어떻게든 해보려는 박정희의 의중이 반영된 결과였다. 물론 이 조치가 바로 박정희 시대 정경유착의 시작이라는 시각도 있다.

군사정부는 경제개발을 추진하기 위한 정부 조직 개편을 단행했다. 1961년 7월 22일에 조직 개편을 통해 경제기획원을 신설했다. 건설부의 종합계획국과 물동계획국, 재무부의 예산국, 그리고 내무부의 통계국을 흡수했다. 경제개발을 위한 종합 계획 수립과 국가 예산 편성, 공정거래질서 확립 등이 주요 임무였다. 경제기획원은 1994년 정부의 조직 통합에 따라 재정경제원(2001년 재정경제부로 개칭)으로 바뀔 때까지 32년간 한국 경제개발의 주역이었다.

경제기획원이 발족하기는 했으나 업무의 혼선과 혼란은 극에 달했다. 초기의 혼란상은 인사에서 읽을 수 있다. 초대 기획원장관에 한국은행 출신인 김유택金裕澤을 임명한 이래 1964년 5월까지 3년이 채 안 된 기간에 무려 7번이나 장관이 바뀌었다. 김유택은 세 번이나 같은 자리에 임명되는 진기록을 남겼고, 3대 김현철金顯哲의 임기는 겨우 22일이었다. 경제 개발 계획을 추진할 만한 인물을 찾기 힘든 데다 처음으로 추진하는 일이라 시행착오가 끝없이 계속되었기 때문이다.

## 외환 위기에서 건져 준 백기사, 서독

그래도 박정희는 밀어붙였다. 1962년 1월 13일 제1차 경제 개발 5개년 계획이 발표되었다. 운은 뗐지만 뒷감당이 문제였다. 전쟁을 선포하기는 했는데 실탄이 없는 격이었다. 돈이 바닥나고 없었다. 도대체 해외에서 자금을 한 푼도 끌어올 수 없었다. 대부분의 재정을 미국의 원조에 의존하는 나라, 세계에서 가장 가난한 나라가 어디에서 돈을 꾸어 올 수 있었겠는가? '국제 거지'에게 돈을 빌려 줄 리 없었다.

주머닛돈이 쌈짓돈이라고 마음이 급했던 박정희는 얼마 되지 않는 보유 외환을 조금씩 꺼내 쓰기 시작했다. 1961년 민주당 정권에서 넘겨받은 외환은 모두 2억520만6000달러였다. 원자재를 수입하는 등 경제개발 계획에 꼭 필요한 곳에만 외환을 투입하기 시작했다. 거창한 계획을 발표하기는 했지만 초반부터 핵심이라고 발표한 제철소 건설 등 중공업 위주 계획은 거의 모두 폐기되었다. 다만 화학공업과 경공업 등 일부 분야만 예정대로 추진되었다. 들어오는 돈은 없고 나가기만 했기 때문에 1963년 9월에는 외환 보유고가 1억 달러 아래로 떨어지고 말았다.

그래도 제일 비중 있게 추진한 사업 중 하나는 1963년 3월 12일 공사를 시작한 울산 정유공장이었다. 미국의 걸프오일과 합작이었지만 정부가 건설비조차 제대로 못 대고 있었다. 합작사인 걸프오일이 한국에 돈을 빌려 주는 방식으로 공사를 겨우 진행할 수 있었다. 100달러 쓰는 데에도 경제기획원장관의 결재가 필요한 시절이었다.

이런 와중에서 박정희가 경제개발을 계속 밀어붙일 수 있었던 이유는 서독의 차관 때문이었다. 박정희 정부의 재정에 단물이 되기도 했지만 더 중요한 것은 박정희에게 자신감을 불어넣었다는 점이다. 독일의 재정 지원이 박정희의 경제 혁명의 진정한 출발점이었다.

1961년 11월 상공부장관 정래혁丁來赫이 이끈 한국 대표단은 본에서 서독과 사흘간 협상을 벌인 끝에 1억5000만 마르크의 차관을 제공받기로 합의했다. 담보를 제공할 수 없었던 한국 정부는 극심한 노동력 부족에 시달리던 독일에 인력을 수출하고 이들의 월급을 3년간 독일 코메르츠 방크에 강제 예치하는 방법으로 지불 보증을 했다는 것이다.

사실 이 상황은 쉽게 납득할 수 없다. 불법 쿠데타로 집권한 까닭에 미국에서도 찬밥 신세인 박정희 정권의 특사에게 사흘 만에 엄청난 차관을 제공했다는 것은 아주 이례적이다. 파독 간호사의 대부라 일컫는 이수길 박사는 2006년 11월 6일 한국 언론과의 회견에서 이를 정면으로 반박했다. 차관 자체는 이미 민주당 시절에 협상을 한 부분이라는 주장인데, 이는 아주 정확한 증언이다.

사실 박정희 정부는 서독과의 차관 도입 협상을 5.16 이후 처음으로 했다고 주장한 적이 없다. 다만 박정희의 역할을 강하게 부각하려는 일부 세력이 이를 호도한 것이다. 그 이유는 당시 서독이 제3세계 신생국에게 차관을 준 과정에서 극명하게 드러난다.

독일은 제2차 세계대전 이후 독일의 부흥을 지원하기 위한 금융 기관을 창설했는데, 그것이 바로 독일재건지원신용은행(Kfw)이다. 1950년대에는 국내 활동에만 집중했으나 1958년부터 제3세계 재건 지원을 위한 차관 제공에도 나섰다. 1958년에 유럽의 아이슬란드, 아프리카의 수단 그리고 인도 등에 차관을 제공했으며, 이스라엘과의 비밀 협상을 통해 1961년부터 1965년까지 모두 6억3000만 마르크의 차관을 제공하기도 했다.

서독의 차관 제공 작업은 이미 5.16 이전에 논의되었다는 주장이 제기되는 것도 바로 이 때문이다. 시기적으로 Kfw가 1958년부터 제3세계에 차관 제공을 시작했다는 점, 그리고 정래혁이 독일을 방문하는 일정을 잡았고 또 사흘 만에 담판을 지을 수 있었던 것도 이미 양측이 어느 정도 논의를 해온 사안이라고 볼 수 있다는 점, 결국 정래혁이 최종 마무리를 위해 서독을 방문했다는 설명이 순리에 맞다.

두 번째 문제는 바로 담보 문제이다. 이수길 박사는 "재건 차관은 한국을 포함해 32개 약소국에게 지급됐다. 1억5000만 마르크 중 7500만 마르크는 현금 무이자로 빌려 주었고, 나머지는 독일에서 재건에 필요한 물품을 사가는 대신 재정을 보증해 주는 형태로 지급됐다. 따라서 별도의 담보나 보증이 필요 없었으며 광부와 간호사들의 월급을 담보로 차관을 받았다는 주장은 맞지 않다"고 주장했다.

그러나 이 박사의 주장은 일부분은 맞지만 일부분은 맞지 않다는 추적 결과가 나와 있다. 현직 언론인 김용출이 파독 광부와 간호사의 삶을 추적해 펴낸 『독일 아리랑』이 좋은 참고 자료가 될 것이다. 이를 간추려 보자.

독일 유학생 출신인 백영훈은 정래혁 상공장관 일행보다 먼저 독일의 본으로 들어가 본 대학의 프리츠 포크트 교수를 만나 한국의 딱한 사정을 얘기했다. 포크트는 백영훈을 지도한 적이 있었다. 포크트를 찾아간 이유는 그가 서독 경제장관인 루드비히 에르하르트Ludwig Erhard와 대학 동기였기 때문이다. 에르하르트는 1948년부터 1963년까지 경제장관을 지냈으며, 1966년까지는 총리를 맡아 '라인강의 기적'을 일으킨 주역이다.

포크트 교수의 주선으로 정래혁 일행은 루드거 본 베스트릭 차관과 사흘간 연속 회담을 할 수 있었다. 정래혁은 이 자리에서 호남비료 나주공장 건설, 인천 한국기계공장 확장, 인천제철 확장, 삼척 동양시멘트 공장 건설 등에 필요한 자금으로 3억 마르크를 요구했다고 한다. 그러나 서독은 한국의 요구에 1억5000만 마르크만 줄 수 있다고 해서 차관 규모는 이렇게 결정되었다. 지급 보증이 문제가 된 것은 차관 전체에 해당된 것은 아니었다. 7500만 마르크는 15년 상환에 연리 3%의 정부 차관으로, 나머지 절반은 20년 상환에 최고 6% 연리의 민간 차관으로 결정되었다고 한다. 지급 보증이 문제가 된 것은 민간 차원의 상업 차관인 7500만 마르크였다.

정래혁 일행은 협정서를 들고 귀국길에 올랐고, 백영훈과 우용희 경제기획원 해외협력국장은 지급 보증 문제를 해결하기 위해 서독에 잔류했다. 박정희는 보고를 받자 재무장관 천병규를 홍콩과 영국에 보냈다. 하지만 지급 보증은 불가능했고 차관 자체가 집행될 수 없을 수도 있었다. 이 문제로 좌불안석일 때 백영훈의 독일 동창생이 찾아와 노동력을 보내 주는 대가로 이들의 월급을 코메르츠 방크에 입금시켜 담보를 대신한다는 방안을 제시했다고 한다. 백영훈의 친구들은 모두 연방 노동부 관리들이었다.

이 서술을 토대로 종합해 보면, 서독 차관은 이미 민주당 정권 때부터 협상이 이루어진 현안이다. 지급 보증은 1억5000만 마르크 가운데 상업 차관에 대해서는 분명히 필요했다. 당초 알려진 대로 박정희 정부에서 먼저 광부와 간호사 안을 내놓은 것이 아니라 독일 측이 제안한 것이다. 국가기록원 기록을 보면, "광부 파견은 한·독 양국의 이해관계가 맞아 떨어진 결과였다"고 서술했다.

한국에서 광부를 모집하기 시작했다. 당시 국내에서는 먹고 살기조차 힘들었던 때라 대졸들도 상당수 지원을 했다고 한다. 힘든 일을 전혀 해보지 않은 지원자들은 고운 손이 결격 사유가 될까 봐 연탄에다 손을 비벼 일부러 거칠게 만들기도 했다고 한다. 광부 1진 123명이 독일에 도착한 때가 1963년 12월이었다.

## 광부들이 수렁에서 대한민국을 건져 내다

광부들을 보낸 지 1년이 된 1964년 12월에 박정희는 서독을 방문했다. 파독 근로자들을 격려하는 것도 목적이었지만 더 중요한 것은 독일로부터 경제개발에 필요한 자금을 더 빌려오고 또 독일을 배우기 위해서였다. 박정희의 독일 방문에서 가장 극적인 장면은 12월 10일 오전 루르 지방의 함보른 탄광을 방문해 우리 광부들과 간호사들을 만난 것이다. 박정희 초기 일화 중 가장 많이 알려져 있다.

행사장에서 처음에 애국가가 연주되었는데 모두들 우느라 애국가를 제대로 부르지 못할 정도였다. 마이크를 잡은 박정희는 이렇게 말했다.

"여러분, 나는 지금 몹시 부끄럽고 가슴 아픕니다. 대한민국 대통령으로서 무엇을 했나 가슴에 손을 얹고 반성합니다. (중략) 나에게 시간을 주십시오. 우리 후손만큼은 결코 이렇게 타국에 팔려 나오지 않도록 하겠습니다. 반드시……. 정말 반드시……."

떨리는 목소리로 계속되던 박 대통령의 연설은 끝까지 이어지지 못했다고 한다. 광부와 간호사뿐 아니라 곁에 있던 육영수 여사, 하인리히 뤼브케Heinrich Lübke 서독 대통령도 손수건을 꺼내 들면서 온통 눈물바다가 되었다고 했다. 박정희가 "후손만큼은 결코 이렇게 타국에 팔려 나오지 않도록 하겠다"고 한 것은 이들을 볼모로 차관을 끌어다 써야 하는 대통령의 괴로움을 직설적으로 표현한 것이었다.

당시 통역을 맡았던 백영훈은 "탄광을 떠나는 승용차 안에서 박 대통령은 '내가 죄인이다'라며 눈물을 흘렸고, 옆에 있던 뤼브케 대통령이 '울지 마십시오. 분단된 두 나라가 합심해 경제 부흥을 이룹시다'라고 위로하는 말을 통역하면서 나 역시 울었다"고 회고한 바 있다.

물론 이 극적인 드라마가 사실이 아니라는 주장도 있다. 당시에는 간호사가 본격적으로 파견되기 전이었으며 다만 간호학교에 일부 학생들만 있었다는 것이다. 또 뤼브케 대통령이 위로하면서 도와주겠다고 한 것도 사실과 다르다는 주장도 이미 나왔다. 공식적으로 뤼브케와 박정희는 한 번밖에 만찬을 하지 않았다는 것이다. 그러나 박정희가 함보른 탄광을 방문해서 광부들과의 만난 사실과 그 당시 분위기는 거의 사실이며 이는 기록 사진으로도 남아 있다.

박정희는 특히 서독 국회에서 연설하는 자리에서도 한국을 지원해 줄 것을 여러 차례 간곡히 머리 숙여 부탁했다. "돈 좀 빌려 주세요 한국에 돈 좀 빌려 주세요 여러분들의 나라처럼 한국은 공산주의와 싸우고 있습니다. 한국이 공산주의자들과 대결해 이기려면 반드시 경제를 일으켜야 합니다. 그 돈은 꼭 갚겠습니다"라며 여러 차례 부탁했다고 한다.

외환이 거의 바닥난 시절 독일의 차관 제공과 광부 및 간호사 파견은 그야말로 박정희 정권에게는 경제개발을 추진할 수 있는 가장 중요한 물질적, 심리적인 격려였다. 당시 서독은 한국의 백기사였다.

이후 한국 정부는 1966년에 서독과 정식으로 특별 고용 계약을 맺고 간호사 3000명, 탄광 광부 3000명을 파견했다. 1977년까지 독일로 건너간 광원이 7932명, 간호사가 1만 226명이었다. 이들은 기본 생활비를 제외한 월급의 70-90%를 그대로 한국의 가족에게 송금했다. 그 돈은 연간 5천만 달러에 이르러 한국 국민총생산의 2%에 이르렀을 정도로 큰 역할을 해냈다.

박정희는 서독 방문을 통해 많은 아이디어를 얻었다. 고속도로 건설과 새마을운동을 비롯한 농촌 개조 운동도 독일에서 시작되었다는 주장도 있다. 오원철은 "특별보좌관들과 수석비서관들은 대통령으로부터 농촌의 경지 정리, 농어촌 전화電化 사업, 간이 상수도 설치, 지붕 개량 등에 관해 쉴 새 없이 많은 질문을 받았다. 대통령의 구상이 하나씩 밝혀지면서 그것을 실천에 옮기기 위한 지시가 내려졌다. 그 대부분의 사업이 1964년 말 서독 방문에서 얻은 영감과 결심에 연유하고 있다는 것은 결코 나만의 생각은 아닐 것이다"라고 당시 분위기를 전했다.

　박정희는 서독 방문을 통해 자신의 꿈을 펼 수 있다는 자신감을 얻었다. 서독을 방문한 경험은 조잡한 수준에 머물렀던 경제계획안을 위대한 현실로 만드는 출발점이었으며, 서독은 가장 든든한 우군이었다.

# 리더십, 이론이 아니라 실천이다

　"한국의 성공은 경제 발전을 위해 투입한 그들의 헌신과
일치단결의 수준이 그 어떤 나라들보다 뛰어났다는 점 때문
입니다."

　경제개발에 관한한 세계적 석학이면서 국제통화기금(IMF)부
총재였던 앤 크루거 박사는 박정희의 성공을 이렇게 설명했
다. 2004년 10월 4일 국제통화기금 연차 총회 중 아프리카 각
국 재무장관 및 중앙은행 총재들과 오찬 모임에서 한 말이다.
(연설 원문은 http://www.imf.org/external/np/speeches/2004/100404.htm) 아
프리카의 최대 쟁점은 역시 절대 빈곤 문제이다. 이를 극복한
사례로 박정희의 경제개발 과정을 소개한 것이다.

"지하자원이라고는 거의 없는 한 가난한 농업국을 그려 보십시다. 이 나라는 너무 가난한 나머지 국민총생산(GDP) 의 10% 이상을 외국 원조에 의존할 정도입니다. 경작이 가능한 면적 대비 인구밀도 세계 최고, 인플레율 세계 최고, 수출은 GDP의 3%인 나라에 불과했습니다."

크루거 박사는 결국 이와 같은 악조건을 극복한 비결에 대해 한국의 리더십이 국민의 헌신과 일치단결을 끄집어냈고 그로 인해 경제 기적을 이룩했다는 점을 강조한 것이다.

박정희 시대 사람들은 "대통령은 자신이 느낀 것을 행동으로 옮기는 데 주저하지 않았다. 또 그의 결심은 도중에 바뀌거나 흐지부지되는 일이 없었다"고 입을 모은다. 무엇이 박정희로 하여금 그토록 강한 집념을 불러일으키게 했을까? 그것은 바로 가난이라는 숙명에 대한 반발심이었다.

## 리더십의 원천은 지긋지긋한 가난이다

박정희의 오기와 독기로 뭉친 추진력은 박정희 리더십의 본질이다. 그 생명선이 바로 가난이었다. 수줍음 많고 자존심 강한 군인이 국가원수의 체면을 팽개치고 마치 구걸하듯 돈을 빌려 달라고 할 수 있었던 것도 바로 가난이라는 '가치 박탈'의 절절한 경험 때문이었다. 가난은 박정희를 '정치인'으로 만든 원동력이었을 뿐만 아니라 리더십의 처음이며 끝이었다. 그래서 '잘살아 보자!'는 마음으로 국민의 마음을 모았던 것이다.

당시 가난은 거의 모든 한국인이 겪는 일상사였고 박정희도 예외는 아니었다. 박정희가 과연 어떤 마음으로 쿠데타를 시도했는지는 명확하지 않다고 하더라도 적어도 권력의 정당성은 오로지 가난 극복을 통해서만 찾을 수 있다는 신념을 가진 것만은 분명하다.

가난을 떨쳐 내겠다는 그의 집념은 결국 불굴의 추진력으로 나타났다. 일단 결정이 되면 목표를 달성하기 위한 무자비할 정도의 실천이 뒤따랐다. 주무 장관이 정책을 추진하면 박정희 자신이나 청와대 보좌진조차 그 과정에 전혀 개입하지 않았다고 한다. 쏟아지는 비난이나 여론의 바람막이를 해줄 정도였다. 일정 기간이 지난 뒤에는 반드시 추진 과정을 꼼꼼하게 점검했으며, 추진 성과에 대한 주무 장관의 책임을 엄격하게 물었다. 따라서 담당 장관은 소신 있게 정책을 추진할수 있었고 동시에 결과에 대해서도 명백한 책임을 지도록 한 것이다.

박정희가 연초 중앙의 행정 각 부처 및 지방을 순시한 것도 정책 실천 의지를 보여주기 위해서였다. 전년도의 실적을 보고받고 신년도의 계획을 듣는 것이지만 정책 추진을 점검하는 것이 최우선 과제였다. 또 이 과정에서 현장 근로자들이나 전문가를 직접 만나는 것도 국민을 상대로 리더십을 발휘하는 주요 수단이었다. 한편으로는 국민을 자극하면서 현장 근로자들로 하여금 대통령의 관심과 애정을 확인하도록 하는 과정이었다.

박정희 리더십의 또 한 가지 특징은 전문가의 말을 신중하게 경청한다는 사실이다. 이를 정책 결정의 '민주성'이라고 이름 붙여 보자. '민주성'이란 말은 박정희가 국민의 의사를 충분히 듣고 따른다는 의미가 아니라 정책 결정 과정에서는 전문가들의 의견을 잘 듣고 거의 대부분 이를 수용했다는 한정적인 의미에서 붙인 것이다.

박정희 밑에서 재무장관을 역임한 김용환은 박정희 리더십 유형을 '주식회사 대한민국의 최고경영자(CEO)'로 묘사했다. 박정희는 주요 정책 결정을 할 때 반드시 관련자들과 심도 있는 토론과 협의 과정을 거쳤다고 한다. 그는 "경제 정책을 결정하는 과정은 아주 민주적이었다"며 당시의 권위주의적 정치 체제와는 사뭇 달랐음을 증언하고 있다. 경부고속도로 건설, 중화학 공업화 및 방위산업 육성, 부가가치세제 도입 등 개발 연대의 궤적을 장식하고 있는 정책들을 대부분이 이런 과정을 거쳐서 결정했다는 주장이다.

사실 다른 시대, 다른 환경을 직접 비교하는 것이 쉽지는 않다. 그래도 정책 결정 과정만 보면 희한하게도 박정희 독재 시대에 '정책 결정 과정이 가장 민주적'이었고 그 후대 리더십에서 오히려 '정책 결정 과정이 독단적'이었다는 사례를 적지 않게 볼 수 있다. 박정희는 국가 중대사는 결정 직전까지 자신의 의견을 내지 않고 전문가와 관계 공무원 등 필요한 모든 절차를 통해 전문가의 의견을 수렴했다.

박정희 시대의 사람들은 박정희가 20% 정도의 시간을 계획 수립과 결정에 투자했다면 나머지 80%는 현장 확인과 계획을 추진하기 위해 투자했다고 입을 모으고 있다. 박정희 리더십이 한국 경제를 어떻게 성공의 반석 위에 올라설 수 있도록 했는지를 설명해 주는 중요한 단서 가운데 하나다. 수많은 신생국들이 비슷한 계획을 세웠어도 대부분 실패했는데도 유독 한국만이 성공을 할 수 있었던 이유는 바로 박정희 리더십 때문이었다.

**북한과의 경제 전쟁을 시작하다**

북한은 5.16 후 넉 달이 지난 시점인 1961년 9월 11일에 인민경제발전 7개년 계획(1961~1967)을 발표했다. 김일성金日成이 발표한 내용은 이제 북한이 기와집에서 흰 쌀밥과 고깃국을 먹고 비단옷을 입는다는 지상낙원을 약속한 것이었다.

> "7개년 계획 달성으로 모든 인민의 수요를 충분히 공급할 수 있는 사회주의 공업을 갖게 될 것이며, 국토를 대규모로 개조해서 해마다 대풍작을 거둘 것이고, 도시와 농촌은 더 한층 아름답게 건설되어 모든 인민의 생활은 윤택하고 문화적이고 더욱 즐겁게 될 것이다."

사실 박정희가 권력을 잡으면서 발표한 혁명공약에는 북한을 직접 겨냥한 항목으로 가득하다. 국시를 반공으로 정한 항목이 제일 먼저 나오는가 하면 공산주의와 대결할 수 있는 실력을 키우겠다는 공약도 마찬가지였다. 박정희가 1962년 초에 경제개발 5개년 계획을 서둘러 발표한 것도 다분히 북한을 의식한 측면이 강하다.

북한은 사회주의 경제답게 한국전쟁 직후부터 계획을 세워 추진해 왔다. 전쟁 직후인 1953년부터 전후 복구 3개년 계획, 1957년부터 제1차 5개년 계획(1957~1960)에 이어 박정희 의 등장과 함께 제1차 7개년 계획 시행에 들어갔다. 기계 제작 공업을 중심으로 중공업 우선 정책을 강력하게 추진했고, 어느 정도의 기반을 마련하는 성과를 거두었다.

그러나 1962년 10월에 미국과 소련 사이에 핵전쟁 일보직전까지 간 쿠바 위기가 일어난 것을 계기로 북한은 4대 군사 노선을 채택하고 군비 확장에 모든 자원을 동원했다. 고래 등 싸움에 새우 등 터진다고 중국과 소련의 이념 분쟁은 급격한 원조 삭감으로 이어져 북한의 7개년 계획도 큰 차질을 빚기 시작했다.

급기야 1966년 10월 개최된 당대표자회의에서 7개년 계획을 3년 연장해 10개년 계획으로 만들었다. 또 경제개발보다는 국방에 더 중점을 두어 전체 예산의 30% 이상이 국방비로 나갔다. 경제개발은 곧 뒷전이 되어 북한 경제는 서서히 수렁으로 빠져들었다.

박정희의 자주 경제는 대미 의존도를 줄이기 위해 빠르게 세계 경제로 편입하는 수출 제일주의로 표출되었지만, 김일성의 주체성은 모든 문제를 자신의 힘으로 해결하려는 자력갱생으로 나타났다. 1960년대 남한을 능가했던 북한이 1970년대에 들어서 남한에 완전히 추월당하게 된 이유였다.

# 국민정서에 반해도 국익이면 한다

국가 지도자의 역할은 어떤 시대를 막론하고 비슷하다. 이해관계가 복잡한데다 집단 이익으로 서로 상충될 수밖에 없는 국내 각 집단의 틈에서 무엇이 진정한 국가 이익인지 정확히 가려내야 한다. 근시안적인 시각을 벗어나 장대한 민족이익을 고려하다 보면 국내에서 상당한 비난을 받고 정치적으로도 궁지에 몰릴 수 있다.

민심에 야합하는 선동주의 정치가는 이런 일에 자신의 정치 생명을 쉽게 걸지 않는다. 오로지 눈앞에 보이는 자신의 이익만 생각하기 때문이다. 그러나 진정한 리더십은 자신에게 비난이 쏟아지고 총알이 쏟아져도 포기하지 않는다. 또 이렇게 설정된 국가 이익이 국제정치 무대에서 최대한 실현될 수 있도록 노력한다.

1948년 한국 정부가 수립된 이래 일본과의 국교 정상화는 역대 지도자들에게 '뜨거운 감자'였다. 미국은 대 아시아 전략의 일환으로 한국과 일본의 화해를 강력히 요구해 온 입장이었다. 당시 공산국가였던 소련-중국-북한의 북방 삼각관계에 대응할 수 있는 미국-일본-남한의 남방 삼각관계의 정립이 반드시 필요했기 때문이다. 사실 일본과의 국교 정상화 회담은 그래서 한국의 의사라기보다는 미국의 압력에 따라 한국과 일본 양국이 어쩔 수 없이 만난 모양새였다.

그 첫 만남은 한국전쟁이 한창이던 1951년 10월 21일 연합군 최고사령부 외교국장 시볼드William Sebald가 초청한 형식으로 이루어졌다. 이듬해 2월 본회담이 시작되었지만 양측의 입장 차이가 워낙 커서 4월에 회담이 중단되었다. 더군다나 시볼드는 일본계 여자와 결혼한 대표적 지일파로 전후 미 국무부 정책이 일본 입장을 노골적으로 반영하도록 영향력을 행사한 인물로 지목받고 있다. 한국 학계에서는 독도 분쟁이 더욱 가속화된 원인으로 시볼드의 친일 성향이 미 국무부 정책에 반영되었기 때문이라고 지적하기도 한다.

사실 한국과 일본은 할 말도 많고 앙금도 많은 정말 가깝고도 먼 나라다. 회담 곳곳에 숨어 있던 지뢰가 시간에 맞춰 터지는 바람에 아무런 진전이 없었다. 1953년 4월에 열린 제2차 회담은 이승만이 제시한 평화선 문제로 처음부터 벼랑 끝에서 있었다. 이승만 라인이라고도 부르는 이 조치는 1952년 1

월 18일 '대한민국 인접 해양의 주권에 대한 대통령의 선언'을 통해 한국과 주변 국가 간의 수역 구분과 자원 및 주권 보호를 위한 경계선을 설정한 조치였다. 일본은 이에 격렬하게 반대했고 결국 제2차 회담이 결렬되는 주원인이 되었다.

같은 해 10월에 제3차 회담이 열렸지만 이번에는 일본 측 수석대표 구보타 강이치로(久保田貫一郎)가 "일본의 36년간의 한국 통치는 한국인에게 유익했다"는 망언으로 자리에 앉자마자 끝나고 말았다. 구보타의 망언은 그 후 지금까지 이어지고 있는 일본 망언의 원조라고 할 수 있을 정도로 파급 효과가 컸다.

1958년 4월에 시작된 제4차 회담은 일본 정부의 재일교포 북송 문제가 터지면서 난항을 거듭했다. 그러다가 결국 1960년 4.19 혁명으로 이승만 정권은 무너졌다. 장면 정권의 민주당 정부는 10월에 제5차 회담을 열었지만 국민 정서에 반한다는 분위기가 압도적이었기 때문에 추진하려는 의지가 전혀 없었다. 그러다 이듬해 5.16으로 공은 이제 박정희에게 넘어갔다.

**가난을 극복하는 데에는 명분이 필요 없다**

박정희는 처음부터 달랐다. 일본과의 국교 정상화가 결국에는 한국의 국익에 부합된다는 신념을 가졌다. 한·일 국교정상화를 통해 한국의 경제 발전뿐만 아니라 미래지향적 관계 정립에 필수 요건임을 확신했으므로 밀어붙였다. 한반도를 지배하고 우리 민족을 질곡으로 몰아넣은 일본을 이길 수 있는 유일한 방법은 일본을 이용해 발전하는 것 말고는 길이 없다는 믿음이었다.

군정 시절인 1961년에 박정희는 미국을 방문하는 길에 일본에 잠시 들렀다. 그는 여기서 "양국은 현안 문제를 해결하고 국교를 정상화해 명랑하고도 굳건한 토대 위에서 긴밀한 제휴를 해나가야 한다"는 국교 정상화 의지를 솔직하게 천명했다. 물론 박정희의 이런 태도는 명백히 국민 여론에 반하는 행동이었다. '가난을 극복하기 위해서는 명분에 집착할 필요가 없으며 수단과 방법을 가리지도 않겠다'는 실용주의 리더십이 구체적으로 나타나고 있었다.

박정희의 이런 입장은 미국을 염두에 둔 다목적 전략이기도 했다. 미국-일본-남한의 남방 삼각관계 강화를 통해 아시아의 공산 체제 봉쇄를 강화하려는 미국의 입장에 부응하는 것이었기 때문이다. 이를 통해 한국의 대미 입지를 강화하려는 의도였다.

한·일 국교 정상화는 나라 안에서뿐만 아니라 나라 밖에서도 박정희 정권에 대해 크게 반발하도록 한 아주 어려운 문제였다. 국내에서 일어난 한일회담 반대 투쟁은 정국을 위협할 정도로 큰 쟁점이었을 뿐만 아니라 일본에서도 사회당과 조총련을 중심으로 국회 안에 반대 세력이 형성되었다.

1963년 말부터 야당은 '대일 굴욕 외교 반대 범국민투위'를 구성해 투쟁에 나섰고, 이듬해 6월 3일에는 서울의 18개 대학생과 시민 등이 시위를 벌였다. 그러자 정부는 비상계엄을 선포하고 서울의 모든 대학에 군대를 진주시켜 한일회담 반대데모를 막았다. 바로 6.3 사태라는 이름으로 역사에 기록된 정국의 분수령이었다. 이틀 뒤인 5일에 한일회담 막후 주역으로 공화당 의장을 맡고 있던 김종필金鍾泌은 사표를 내고 타의에 의해 외유를 떠날 정도였다.

회담은 박정희의 비서실장을 거쳐 태국대사로 가 있던 이동원李東元을 외무장관에 임명하면서 새 물꼬를 텄다. 이동원은 시나 에쓰사부로(椎名悅三郎) 일본 외무상을 초청해 일본이 사과하는 형식을 갖추어 문제를 해결하려고 했다. 시나도 이에 호응해서 "사과는 진정 큰 사람만이 하는 것이다. 이제 일본도 큰 사람인 것을 세계에 알려야 한다"며 두 나라의 수교회담을 한 걸음 진전하게 했다.

시나는 마침내 1965년 2월 17일에 일본 각료로는 처음으로 한국을 방문했다. 그는 "양국 간 오랜 역사 중 불행한 시간이 있었던 것은 참으로 유감스러운 일로서 깊이 반성하는 바입니다"며 한국인의 감성에 호소했다. 시내로 들어가는 그의 차량을 향해 달걀이 날아들었지만 그는 아랑곳하지 않은 채 협상탁자에 앉았다. 결국 한국과 일본 간에 기본 조약에 대한 합의가 이루어졌다.

4개월 뒤인 6월 22일, 한국의 외무장관 이동원, 한일회담 수석대표 김동조金東祚와 일본 외무장관 시나 에쓰사부로, 수석대표 다카스기 신이치(高杉晉一)는 '대한민국과 일본국 간의 기본 관계에 관한 조약'(기본 조약)과 이에 부속된 협정 4개 및 문서 25개에 서명했다.

청구권 및 경제협력협정에 따라 무상 공여 3억 달러, 유상 재정 차관 2억 달러를 각각 10년에 걸쳐 균등 분할해서 제공받기로 했으며, 양해 사항으로 민간 차관 3억 달러가 제공되었다.

**피해의식과 열등감을 넘어**

한·일 국교 정상화 협정이 도쿄에서 조인된 6월 22일에 서울은 아수라장이 되었다. 서울 시내에는 1만여 명의 학생들과 야당 인사들이 참여해 '굴욕 외교 규탄 시위'라는 이름으로 항의 집회를 계속했다. 정부는 경찰 진압대로 맞섰고, 시위대는 울분을 삭이지 못했다.

다음날 밤 9시에 청와대에서 박정희는 라디오 및 텔레비전 앞에 섰다. 그는 차분한 어조로 국민들을 설득하기 시작했다.

"나는 우리 국민 일부 중에 한일 교섭의 결과가 굴욕적이니 저자세니 심지어 매국적이라고까지 극언을 하는 사람들이 있다는 것을 잘 알고 있습니다. 나는 지금까지 그들의 주장이 정부를 편달하고 교섭하는 정부의 입장을 강화하는 데 도움이 될 수 있으리라는 점에서 이것을 호의적으로 받아들였습니다.……"

박정희의 이 연설에서는 협상에 임했던 한국 정부의 치열한 전략을 그대로 보여주고 있다. 한국과 일본의 협상 과정에서 국내에서 반대가 심할 경우 이는 오히려 한국 정부대표단의 협상력을 높여 줄 수 있다. 한국 대표단이 정해 놓은 협상 목표가 달성되지 않을 경우 국내의 반대에 부딪힐 것을 일본도 잘 알고 있었기 때문이다.

사실 이와 같은 협상 전략은 1980년대 후반 하버드 대학의 로버트 퍼트넘Robert Putnam 교수가 '양면이론'으로 체계화했다. 국제 협상에서 제1면의 게임은 국제적 행위 주체, 즉 국가 대표자 간의 게임이며, 제2면 게임은 국가 대표자와 국내의 관련 이익 집단 간의 게임이다. 국내에서 비준을 받을 수 있는 모든 국제 합의 조항을 윈셋win-set이라고 부른다. 일반적으로 말해 작은 윈셋을 가진 국가는 상대적으로 큰 윈셋을 가진 국가에 대해 훨씬 큰 협상력이 있다는 것이다. 즉 한국의 협상 대표가 협상 결과에 대해 국내의 반대에 부딪힐 가능성이 높을수록 역설적으로 협상력은 높아진다는 것이다.

박정희의 이날 연설에서는 국교 정상화 협상에 대한 국내의 반대가 교섭에 도움이 된다는 점을 분명히 인식하고 있으며 이를 적절히 활용해 왔다는 점을 극적으로 설명해 주고 있다. 단순한 정파의 이익이 아니라 국가 이익을 위한 치열한 협상이었으며, 또 최선은 아니지만 차선의 결과를 얻어 냈다는 자부심의 표현이었다.

박정희는 또 국민들에게 이렇게 호소했다.

"그들의 주장이 진심으로 우리가 또다시 일본의 침략을 당할까 두려워하고 경제적으로 예속이 될까 걱정을 한 데서 나온 것이라면 나는 그들에게 묻고 싶습니다. 어찌하여 그들은 그처럼 자신이 없고 피해의식과 열등감에 사로잡혀 일본이라면 무조건 겁을 집어먹느냐 하는 것입니다. 이 같은 비굴한 생각, 이것이 바로 굴욕적인 자세라고 지적하고 싶습니다. 일본 사람 하고 맞서면 언제든지 우리가 먹힌다는 이 열등의식부터 우리는 깨끗이 버려야 합니다. 우리의 근대화 작업을 좀먹는 암적인 요소는 우리들 마음 한구석에 도사리고 있는 패배주의와 열등의식 및 퇴영적인 소극주의, 바로 이것입니다."

한·일 국교 정상화는 마침내 이루어졌고, 단순한 비난이 '패배감과 열등의식의 발로'라는 점을 박정희가 강조했지만 박정희의 '굴욕 외교'를 비난하는 목소리는 잦아들지 않았다. 게다가 일본과 현안이 발생하거나 일본 극우파가 망언을 하면 그 원죄는 전부 박정희의 몫이었다. 독도 문제와 현안이 돌출할 때마다 일본 육사 시절부터 시작된 '태생적 친일파의 반민족적 행위'로 거슬러 올라가는 것은 비아냥거림의 단골주제였다.

또한 경제 회생을 위한 의도도 있었지만 집권당인 공화당의 정치 자금을 마련하기 위해 36년간 '일제 식민통치의 한'까지 팔아먹은 전형적인 매국 외교라며 격렬한 비난이 그치지 않았다. 1992년의 사례를 한번 보자. 당시 민주당은 한·일협정 체결에 관한 의혹을 규명한다는 명분으로 진상조사위원회를 구성하고 성명을 발표했다. "한일협정이 군사정권의 정략에 따라 민족 감정과 국가 이익을 무시한 채 굴욕적으로 처리됐음이 백일하에 드러났다"며 진상 공개와 반민족 행위에 대한 당사자들의 사죄를 촉구하기도 했다.

**역사의 평가: "국익을 위해 최선을 다했다!"**

2005년 8월 26일 노무현 정부는 156권, 3만 5354쪽의 한일회담 전 과정이 담긴 외교 문서를 모두 공개했다. 당시 민간위원으로 문서 공개에 참여해 샅샅이 문서를 살피고 정리한 한 교수의 소감은 다음과 같다.

"나도 한때는 한일협정이 굴욕 회담이라고 생각했는데, 3만 6000장을 일일이 검토하면서 우리 정부가 국익을 대변하기 위해 비교적 최선을 다했다는 생각을 하게 됐다. 물론 굴욕적인 36년 식민 지배를 통한 물질적이고 정신적인 손해에 상당하는 보상은 부족하지만, 협상은 상대가 있는 것이다. 일본은 당초 8000만~1억 5000만 달러만 주려 했는데 우리 대표단이 최대한 액수를 끌어올렸다. 과거 청산이나 국익 유지와 옹호를 위해 당시 대표단이 최선을 다해 노력했다고 자신 있게 말할 수 있다." (전현수 경북대교수, 2005. 8.26. 문서공개관련 회견에서)

특히 이 문서 공개를 통해 박정희를 공격하는 빌미가 되었던 문제도 상당수 해소되었다. 가장 자주 거론된 것은 박정희가 "청구권 협상 극대화를 위해 독도를 양보한 것 아니냐?"는 의혹이었다. 외교 문서에 따르면, 일본은 회담 내내 독도 영유권 확보를 위한 야욕을 드러냈으나 박정희 정부는 회담이 결렬되더라도 양보할 수 없다는 입장을 분명히 했다는 사실이 확인되었다.

한일회담 문서가 완전히 공개되면서 반응은 역시 두 가지였다. 이미 한국은 1951년 8월 13일 샌프란시스코 강화조약에서 서명국 자격을 얻지 못해 일본을 상대로 배상 요구를 할 수 없는 입장이었다. 결국 박정희 정부는 강화조약 4조 B항인 "일본은 한국에서 미군정 또는 그 지령에 의한 일본 국민의 재산 처리의 효력을 승인한다"는 조항에만 기대어 힘겹게 청구권 협상을 했으며, 당시로서는 최선을 다했다는 평가였다. 배상과 보상이 원천적으로 봉쇄되어 있던 열악한 조건에서 결국 청구권 금액으로는 최대의 성과를 얻어 냈다는 것이다.

한편, 반대론자들은 여전히 전승국 차원에서 배상을 받아야 마땅하다는 입장이다. 박정희 정부는 채권과 채무를 청산하는 형식으로 청구권 협상을 진행했고, 결국 일본 주장대로 '경제 협력 자금'이 포함된 8억 달러를 받아 국민의 자존심을 손상했다는 지적도 나왔다. 그렇게만 할 수 있었다면 금상첨화였겠지만 박정희는 주어진 조건에서 냉혹한 국가 이익을 관철했으므로 박정희 리더십이 만들어 낸 최상의 결과라고 볼 수 있다.

물론 아쉬운 점도 있다. 식민지 피해를 당한 우리 민족의 개인 청구권을 우리 정부 스스로 "우리는 나라로서 청구한다. 개인에 대해서는 국내에서 조치하겠다"고 밝힌 것은 두고두고 아쉬운 대목이기도 하다.

외교 문서 공개 과정에 참여한 정부와 민간 심사단은 한일 회담이 부실했다는 항간의 지적에 대해 이런 결론을 내렸다. "심사단이 평가를 내릴 입장은 아니지만, 대체로 당시 상황에서는 치열하게 일본과 교섭에 임해 국익을 위해 최대한 노력했다고 느끼고 있다"고 밝혔다.

심사위원단은 또 "박정희 정부가 경제개발을 위한 자금 확보에 쪼들려 졸속 협상을 했다거나 독도와 관련해 심대한 양보를 하고 이면 합의를 했다는 설이 학계와 언론에서 제기되어 왔지만 실제로는 전혀 없었다. 특히 독도와 관련해 우리의 국익을 지키기 위해 최선을 다했다는 것을 (공개 문서가) 효과적으로 드러낼 수 있다고 판단된다"고 말했다.

사실 정책 결정자 처지에서 대일 수교 협상은 분명 두 개의 국익이 서로 충돌하고 있었고 그 사이에서 고민을 하지 않을 수 없었다. 시간이 걸리더라도 완벽한 협상을 하느냐, 아니면 차선의 타협을 하더라도 국가 발전에 필요한 자금을 끌어와 먼저 경제개발을 하느냐의 갈림길이었다. 박정희는 여기에서 선택을 할 수밖에 없었고 그것은 바로 후자였다.

문서 평가단은 다음과 같이 발표했다.

"당시 박 정권은 경제 협력을 통해 경제개발을 하는 것을 국익으로 생각했고, 또 청구권 문제를 지연하더라도 독도 문제를 분명히 하는 게 국익이었다고 생각했을 수도 있다. 당시에 이렇듯 국익이 충돌했다. 그러나 결코 당시 협상 과정과 결과가 굴욕 외교였다고 생각하지 않는다. 잘됐느냐, 올바른 선택이었느냐에 대해서는 유보할 수도 있지만 굴욕 외교라든지 협정을 개정해야 한다는 지적에 대해서는 동의하지 않는다."

　박정희는 결국 경제개발을 통한 국가 발전이 훨씬 더 국가에 이익이라는 점을 분명히 했던 것이다. 실제로 한·일 국교 정상화는 1960년대 한국 경제가 경이적으로 발전하도록 이끈 견인차였다.

　사실 지금 시대의 눈으로 보면 당시 협상이 꼭 잘되었다고 볼 수는 없다. 그러나 당시 한국의 총 외환 보유고가 2~3억 달러에 불과했다는 점을 고려하면 일본에서 유입될 자본은 엄청난 규모였다. 수교 이듬해인 1966년에는 무려 12.4%라는 놀라운 경제 성장률을 달성한 것도 한일 국교 정상화의 결과물이었다. 이를 통해 제1차 5개년 계획을 연평균 8.5%로 초과 달성했고, 제2차 경제개발 5개년 계획의 목표를 2년 앞당겨 1969년에 초과 달성하는 성과를 이룬 것도 일본과의 국교 정상화 덕분이었다. 결국 박정희의 선택이 옳았음이 나중에 증명되었다.

# 악착같은 경제외교: 베트남 파병

　박정희의 결단과 리더십으로 이룬 가장 극적인 또 하나의 역사는 베트남 파병이다. 한·일 국교 정상화로 도입된 경협 자금과 베트남 파병으로 벌어들인 유형무형의 자산은 1960년대 경제개발을 이끌고 간 쌍두마차였다. 특히 베트남 파병으로 경제적으로는 '베트남 특수'를 불러일으켜 '한강의 기적'으로 이어졌다.

　한국의 베트남전 파병을 둘러싼 논쟁은 파병 당시부터 지금까지 계속되어 왔다. 정권의 안보를 구축하기 위해 우리 젊은이들을 명분 없는 전쟁의 사지死地로 몰아넣었다는 것이다. 1965년부터 1972년까지 8여 년간 베트남의 전장에서 쓰러져 간 5000여 젊은이의 피는 누가 책임지느냐는 울분의 소리도

높았다. 사실 미국의 베트남전 참전은 최근 미국의 이라크 공격과 마찬가지로 정당성이 없는 대표적 전쟁으로 꼽힌다.

게다가 아직도 이 땅에는 베트남의 상처가 남아 있다. 이국에서 산화한 수많은 젊은이들도 그렇지만 그 가족의 상처는 영원히 지워지지 않을 것이다. 그보다 더 많은 사람들이 전쟁의 상처나 고엽제 후유증에 시달리고 있다. 세상에서 '좋은 전쟁'은 결코 없다. 또한 '나쁜 평화'는 더더욱 없다.

그러나 베트남 파병을 냉혹한 국제 관계의 눈으로 다시 들여다보면 관점은 달라진다. 지금에 와서야 한국과 미국의 관계가 동반자 관계 혹은 불균형하다는 얘기를 할 수 있다. 한국의 국력이 그만큼 커졌다는 뜻이다. 그러나 박정희가 정권을 잡았던 시기는 달랐다. 미국의 원조로 전 국민이 간신히 살아가고 있는 지구상의 최빈국 중 하나였고, 박정희 자신은 쿠데타로 집권했으니 미국 입장에서야 외교 상대라고 하기에는 힘이 부친다고 보는 게 타당하다.

## 베트남 파병은 50억 달러 외화 유입 효과

베트남 파병은 박정희가 정치와 경제 이익을 노리고 미국이 생각하기도 전에 먼저 제안을 했다. 이는 관계자 증언을 통해서도 나왔지만 베트남전 관련 외교 문서가 2005년에 전면 공개되면서 더욱 분명해졌다. 박정희 정부는 안보와 경제적 실리라는 두 마리 토끼를 잡기 위해 미국과 치열하게 줄다리기를 계속 했다는 사실이 외교 문서에 분명하게 드러나 있다. 당시 이를 보도한 각 신문들은 거의 예외 없이 기사 제목을 "박정희의 악착 같은 군사·경제 외교"라고 붙였다.

미국이 전투병 파병을 요청하기에 앞서 박정희가 먼저 전투병 파병을 적극 검토한 것도 이런 실리를 분명히 얻겠다는 전략이었던 것이다. 1965년 1월 6일자 대통령 비서실 보고서에는 박정희의 고민이 묻어 나와 있다. 청와대 정무비서실이 박정희에게 올린 '베트남 파병 문제에서 고려해야 할 문제점'이라는 보고서를 보면, 당시 청와대는 미국의 의도를 정확히 알고 있었다.

"미국은 한국군이나 필리핀군을 투입해 미 지상군과 대치시키고 미국 내외에서 비판을 받고 있는 이 전쟁에서 벗어나겠다는 것"이라고 분석한 대목이 그렇다. 박정희는 보고서 끝에 친필 기록을 남겼는데 "파병은 불가피하나 의용군義勇軍의 형성을 취하고 충분한 대가를 받도록 할 것"이라고 되어 있다. 자유민주주의를 지키기 위해 파견한다는 대의명분을 지키면서도 경제 실리는 확실히 얻겠다는 의지를 처음부터 가졌다는 뜻이다.

베트남 파병은 결과적으로 박정희의 의도가 거의 모두 달성된 것으로 평가할 수 있다. 한국 국방부 공개 자료에 따르면, 군사 원조 증가분이 10억 달러, 미국의 한국군 파월 경비 10억 달러, 베트남 특수 10억 달러, 기술 이전 및 수출 진흥 지원 20억 달러 등 총 50억 달러의 외화 수입 효과가 발생한 것으로 나타났다.

미국의 일반회계국(GAO)이 1973년에 작성한 보고서에 따르면, 한국군의 베트남 파병과 관련해 미국 정부가 한국에 지불한 돈은 모두 10억3000만 달러로 추정했다. 미국 국제개발처(AID)도 1966년부터 1972년 사이 한국이 베트남에서 벌어들인 외화 소득을 총 9억2500만 달러 정도로 추산했다. 통계를 봐도 베트남 파병이 한국 경제의 견인차였음을 분명히 알 수 있다.

특히 베트남 파병 제안은 한국과 미국 간의 현안에도 외교적 지렛대로 이용되었다. 그간 미국의 전통적인 대한 외교는 일방적이었다. 미국이 워낙 강대국이었고 한국은 기아선상에 있던 약소국이라는 위상의 차이가 외교에 반영된 결과였다. 미국은 한국 정부의 요구를 거의 들어주지 않았고 아예 무시한 경우가 더 많았다.

그러나 베트남 파병으로 미국은 사상 처음으로 한국 정부를 외교의 동반자로 생각하기 시작했다. 원조 등으로 끌려 다니던 약소국 한국이 베트남 파병 카드를 통해 미국 정부가 오히려 한국의 눈치를 살피게 만든 외교상의 쾌거였다.

우선 1962년 협상을 시작한 이래 진통을 겪고 있던 한미행정협정(SOFA) 협상에서 미국의 양보를 얻어 내는 카드로 베트남 파병을 사용했다. 또 전투병 파병과 미국의 대 한국 안보를 직접 연계하기도 했다. 1965년 2월 2000여 명의 비非전투병 '비둘기부대'가 파병된 다음 달, 주미대사 김현철은 휠러 미국

합참의장에게 두 가지 중요한 질문을 전했다. 한국 측에 전투병 파병을 요청할 의사가 없는지, 그리고 한국에 미 핵잠수함 기지를 설치할 계획이 없느냐는 것이었다. 한국의 정예 전투병 파병 이니셔티브로 미국의 포괄적인 지원과 함께 안보 공백을 메우는 미국 측 보완책도 함께 마련하자는 전략이었다.

이 협상은 1966년 3월 베트남 파병의 대가로 한국에 전쟁 물자 및 용역 제공, 한국군 장비 현대화, 차관 제공 등 미국이 한국에게 경제와 군사 지원을 한다는 계획을 담은 '브라운 각서'로 마무리되었다. 외교 문서는 1968년 말 박정희 정부가 미국에 M-16 소총 10만 정 제공 및 공장 건설, 전폭기 17개 대대, 전략 공군 기지 건설 지원 등을 긴급 요청했고, 미국은 요구 장비의 85% 수준을 약속한 것으로 나타나 있다. 파병 이니셔티브로 한국이 받아 낼 수 있었던 가시적 성과였다.

베트남 파병을 통해 한·미 안보 체제는 더욱 강화되었으며, 특히 베트남전 특수로 한국 경제는 한 단계 더 도약했다. '국가 실리를 최대로 많이 얻었으며, 동시에 전쟁 특수를 최대한 활용해 경제개발의 기틀을 마련한 것은 평가할 만하다'는 주장은 마땅히 귀 기울여야 할 대목이다.

## 처절한 실리 외교의 현장

박정희의 베트남 파병을 두고 벌어지는 논란 중 하나는 '헐값 용병' 문제이다. 박정희가 실리를 노리고 들어간 만큼 미군

하고는 비교할 수 없다고 하더라도 필리핀이나 태국 수준으로는 받았어야 되지 않았느냐는 문제 제기이다. 이 논란은 1970년 2월 24일부터 사흘간 열린 미국 상원 외교위원회 청문회(사이밍턴 청문회)에서 제기되었다. 청문회는 베트남 참전국에 대한 미국의 지원 및 수당 지급 내용을 다루었다.

윌리엄 포터 주한 미국대사의 "베트남 파견 미군의 1인당 비용은 1만3000달러인 반면, 한국군은 5000달러이며, 필리핀 비전투원은 7000달러 수준"이라는 설명도 나왔다. 미국 정부는 수당 지급을 비밀에 부친 이유에 대해서 필리핀과 태국 등 다른 나라와의 교섭을 고려해서라고 설명했다.

포터 대사의 설명은 결국 해외 근무 수당의 차이로 전체적인 파견 비용의 차이가 생겼다는 것을 알려준 것이다. 특히 한때 필리핀의 해외 근무 수당은 한국군보다 3배 이상이었다는 의혹도 있었다. 그러나 필리핀과 태국 모두 실제로는 별다른 차이가 없었다. 필리핀군의 해외 근무 수당에는 필리핀 정부가 지급한 해외 근무 수당까지 포함되었다는 사실이 나중에 밝혀졌다. 준장의 경우, 한국군과 필리핀군은 모두 달마다 210달러를, 중령의 경우, 한국과 필리핀군은 180달러, 태국은 210달러를 받았고, 소위는 세 나라 모두 120달러를 각각 받았다.

포터 대사는 이어 "한국 정부는 파병이 결정된 이후 (이와 관련해) 제3국과 비교해 왈가왈부하지 않고 있다"는 부연 설명을 했다. 그러나 이것도 전혀 사실과 달랐다. 파병 결정 이후에도 박정희 정부는 치열한 외교전을 통해 국익을 최대한 추구하려 했다.

당시 한국군은 미국으로부터 전투 수당을 받지 못하고 있었다. 국방부는 즉각 한국 장병들이 미군 수준의 전투 수당을 받도록 미국과 협의할 것을 정부에 건의했다. "해외 근무 수당은 본인과 그 가족의 생계유지 비용이므로 전투 위험에 대한 보상이 아니며, 비록 전시나 사변은 아니지만 국가를 위해 전투에 종사하는 만큼 미국 측에 관련 수당(전투 수당)을 요구해야 한다"는 것이 문제 제기의 핵심이었다. 이에 따라 관련 부서가 미국과 협의에 나섰으나 미국은 끝내 "추가 부담은 곤란하다"며 한국 정부의 제의를 거부했다는 내용이다.

박정희 정부의 치열한 외교전은 한국군 민사 보상 책임 문제에서도 그대로 드러난다. 1965년부터 2년간 계속된 협상 끝에 박정희 정부는 파병 한국군 및 군속이 사상 사고를 낸 경우 조사 등 관할권은 한국군이 갖되 보상 책임은 미군이 지도록 합의했다. 이는 결국 박정희 정부의 치열한 외교 노력의 결과라고 밖에 볼 수 없다.

박정희 정부의 냉혹한 실리 외교는 1966년 10월 24일 필리핀 마닐라에서 열린 베트남전 참전 7개국 정상회담 준비 과정에서도 여실히 드러났다. 당시 필리핀의 마르코스 대통령이 회담을 주도하면서 '베트남의 평화적 해결 방안'을 주제로 내세워 자신의 외교 성과로 삼고 아시아 지도자로 부각시키려는 전략을 가지고 있다. 그러나 박정희 정부는 이를 막기 위해 혼신의 노력을 기울였다. 군사와 경제에서 상당한 이해관계와 국익을 가지고 있던 박정희로서는 필리핀이 주도하는 상황에 맞지 않는 평화 모색이 한국의 국익을 저해한다고 판단했기 때문이다.

회담 열흘 전 외무부가 유양수柳陽洙 필리핀 대사에게 "필리핀이 마치 이번 회의를 평화 모색 회의처럼 생각하는 것이 불만스럽다. 군사적인 정세 검토 및 전쟁 노력의 강화 방안을 반드시 의제에 포함되도록 하라"는 훈령이 담긴 전보를 보낸 것을 찾아냈다. 베트남전에 따른 군사적, 경제적 이해관계가 절대적이었던 박정희 정부의 냉혹한 국익 추구가 어느 정도인지 알 수 있는 부분이다.

박정희의 베트남 파병과 관련된 또 다른 논란은 '베트남 파병 장병의 해외 근무 수당 가운데 일부가 이면 계약을 통해 경제개발 등에 전용됐다'는 의혹이다. 베트남전에 참전한 국군 장병들이 9년 동안(1965~1973) 미국으로부터 받은 해외 근무 수당은 모두 2억3556만8400달러였으며, 이 중 82.8%에 달하는 1억9511만800달러가 국내로 송금됐던 것으로 확인되었다. 특히 '김성은 국방장관과 비치 주한미군사령관이 주고받은 서신(1966.3.4.)'과 '파월 장병 처우 개선(1969.4.28.)' 등의 문서를 통해서는 근무 수당이 한국 정부와 미국 정부가 합의한 금액대로 한국 장병들에게 정상으로 지급됐다는 사실까지 확인했다는 내용도 나와 있다.

## 베트남 파병은 한국 과학 기술의 기초

박정희는 군에서 포병장교였다. 당시만 해도 포병 병과는 과학 지식이 해박한 전문가 그룹에 속하던 시대였다. 그는 유난히 과학 기술 발전이 중요하다는 사실을 알고 있는 사람이었고 기회만 있다면 이를 현실화하려 했다.

1964년에 박정희는 당시 원자력연구소장으로 있던 최형섭崔亨燮을 불렀다. 그는 일본 와세다 대학 채광야금과를 나와 미국 미네소타 대학에서 화학야금학으로 박사학위를 받은 한국 과학기술의 개척자였다. 박정희는 앞으로 어떻게 해야 한국의 과학기술을 발전시킬 수 있느냐고 물었고, 최형섭은 "기업과 학계를 연결하는 매개체가 필요하다"고 말했다고 한다.

이듬해 5월 워싱턴에서 박정희는 미국 대통령 존슨Lyndon B. Johnson과 정상회담을 했다. 한국이 베트남 파병을 해준 것에 대해 감사하는 자리였다. 존슨은 한국 지원에 관심을 표명하면서 특별히 공과대학을 하나 지어 주겠다고 했다. 그러자 박정희는 최형섭의 말을 떠올리며 한국의 과학 기술을 발전시킬 연구소 설립을 도와달라고 부탁했다. 이때 미국이 무상 원조하기로 한 돈은 5000만 달러였다. 한국이 사상 최초로 1억 달러 수출을 달성했다고 국민 축제를 벌인 게 겨우 몇 달 전이었으니 당시에 이 돈은 엄청난 액수였다.

먹고살기도 힘든 때여서 과학이나 기술에 관심을 둔 사람이 거의 없었던 때였다. 기업에서도 생산 기술을 연구하는 곳이 거의 없었다. 박정희는 이 돈을 모두 최형섭에게 맡겼고, 그는 이 돈으로 한국과학기술연구소(KIST)를 설립했다.

박정희는 홍릉에 15만 평의 부지를 내주어 연구소를 짓게 했다. 박정희는 과학 기술 발전에 대한 기대감으로 자주 건설 현장을 방문해서 최형섭을 만났다고 한다. 이미 다 알려진 이 야기이지만 최형섭은 강골이어서 상대가 아무리 대통령이어 도 무안을 줄 정도로 직선적이었다. 박정희가 자주 찾아와 일 에 지장이 생기자 최형섭은 다짜고짜 대통령에게 "일에 지장 이 있으니 자주 좀 오지 마십시오"하고 직언했다. 박정희는 궁금증을 참지 못해 건설 현장에 내려오기는 했지만 현장 인 부들에게 막걸리만 돌리고는 정작 최형섭이 있던 사무실 근처 에는 얼씬도 하지 않았다고 한다.

최형섭은 KIST를 만든 데 이어 대덕연구단지를 구상한 주 역이었다. 또 1970년대 과학기술처장관만 7년 6개월 역임하 면서 한국의 과학 기술의 기초를 닦은 위대한 과학자였다.

KIST를 발전시키려는 박정희의 집념은 대단했다. 연구원의 월급은 국립 서울대 교수의 3배에 이르렀고, 외국에 있는 한 국인 과학자들을 데려오기 위해 국내에 있지도 않은 의료보험 을 미국과 계약해 줄 정도였다고 한다. 특히 연구소는 독립성 을 보장받아야 한다는 최형섭의 건의를 흔쾌히 수락해서 회계 감사와 사업 계획 승인도 별도로 받지 않는다는 내용을 육성 법안에 넣은 것도 바로 박정희였다. 최형섭은 박정희의 지시 가 무리하다 싶으면 대놓고 반대를 했는데, 박정희는 화도 내지 않고 묵묵히 듣기만 했다고 한다. 그의 말을 이해할 수 없으면 며칠 동안 고민한 끝에 "최 장관의 말이 맞으니 그대로 하라"고 지시했을 정도다.

강골 최형섭이 사사건건 대통령에게 무안을 주고 정책을 반대했지만 박정희는 최형섭을 자신이 죽기 한 해 전까지 중용했다. 그 때문에 한국의 과학 기술은 비약적으로 발전할 수 있었다. 박 대통령 사후 최형섭은 "나도 너무 했지. 아무리 그래도 그렇지. 대통령을 떠나 한 인간의 입장에서 5%는 그분의 말을 따를 걸. 그분이 그렇게 돌아가실 줄이야"라고 회한에 찬 말을 남기기도 했다.

이것이 박정희 리더십의 특징이다. 듣기 좋은 말을 하는 장관보다 쓴 소리만 골라서 하더라도 실력 있는 장관을 예우하고, 나아가 그들이 필요할 때마다 바람막이 역할을 해주었다. 역대 어느 정권에서보다 박정희 시대에 한국의 과학 기술이 비약적으로 발전했고, 또 과학 기술자들이 예우를 받았다. KIST 출신 원로들은 대통령이 주마다 시간을 내 과학 기술자들을 만나 다과를 나누며 과학자들의 애환을 듣고 또 과학의 미래에 관해 얘기를 나누었던 '과학자 전성시대'를 아직도 또렷이 기억하고 있다.

# 수출만이 살 길, 밀어붙여!

 2007년 한국 경제는 샌드위치 논쟁이 한창이다. 일본을 따라 잡기에는 여전히 벅차고, 우리 뒤에 있는 중국은 곧 우리를 뛰어넘을 기세다. 한국은 일본과 중국에 끼어 이러지도 저러지도 못하는 샌드위치 신세라는 진단이다.

 일본 노무라 종합연구소의 오노 히사시(小野 尙) 서울 지점장은 이를 더 구체적으로 설명한 바 있다. 그것은 바로 상위 기업의 기술력을 따라잡지 못하고 하위 기업의 가격 경쟁력에 추격당하는 '기술 장벽 샌드위치', 높은 시장 점유율을 유지하고 있지만 시장가격 하락으로 이익이 줄어드는 '이익 장벽 샌드위치', 막대한 투자로 규모의 경제를 추구하지 않으면 경쟁력을 유지할 수 없는 '시장 지배 샌드위치', 축적된 지적 자산과 브랜드 힘 부족으로 하청 구조에서 벗어나지 못하는 '첨단 산업 샌드위치' 상황이라는 것이다.

사실 이런 샌드위치 경제는 현재만 그런 것이 아니었다. 박정희가 처음 경제개발을 시작할 때도 마찬가지였다. 자원과 자본 그리고 기술도 없었던 시대에 한국이 가진 것이라고는 인력밖에 없었다. 그런데 그때에도 우리 경제는 샌드위치 신세였다는 것이다.

박정희의 경제수석 비서관이었던 오원철의 증언이 이를 말해 주고 있다. 1960년대 초에도 한국은 일본과 대만 사이에 샌드위치 신세였다. 1964년 초, 시간당 노임을 달러로 환산해 본 결과 일본이 56센트, 한국은 16센트였다고 한다. 그런데 일본은 이미 섬유 제품 등 경공업 제품을 수출하기 시작했으며, 최신 설비를 갖추었고 공정 개선으로 1인당 생산량도 향상되어 있는 상태였다. 게다가 품질 고급화까지 이루어져 인건비 상승을 충분히 소화할 수 있는 경제 구조를 갖추었다.

대만은 일본의 위탁 생산 기지의 역할을 하며 주로 값이 싼 물건을 위탁 생산해 일본으로 수출했다. 대만의 임금은 시간당 19센트였고, 한국은 환율로 계산해 보면 16센트였다. 앞서가는 일본을 따라 잡을 수는 없었지만 저임금 위탁 생산으로 한판 승부를 내야 할 맞수 대만의 임금도 그리 높지 않았던 것이다. 그야말로 한국의 저임금 메리트가 거의 없다는 사실을 발견하게 되었다. 그야말로 이러지도 저러지도 못하는 샌드위치 신세였던 것이다.

이를 타개하기 위해 결국 박정희는 1964년 5월 달러-원 환율을 두 배나 올려 버렸다. 사실 이 당시 한국 경제는 바닥인 데다가 외환 거래조차 거의 없던 시절이라 경제에 주는 충격은 그리 크지 않았다. 하지만 박정희 정부 스스로 저임금 구조를 만들어 버린 것이다. 본래 환율은 1달러당 130원이었는데, 1달러당 255원으로 인상했다. 결국 한국의 시간당 임금은 10센트로 떨어졌다. 하루 8시간 일해도 80센트이니 하루 벌이가 1달러가 안 되었다. 그야말로 사느냐 죽느냐의 문제가 달려 있었기 때문에 스스로 임금을 줄여서라도 경쟁력을 확보해야 한다는 것이다. 결국 이 저임금 구조는 '수출 입국을 통한 경제개발'의 첫 걸음이 되었다.

**기회 있을 때 밀어붙여!**

박정희의 국가 경영은 팔 수 있는 것은 모조리 외국에 팔아야 발전할 수 있다는 수출 제일주의였다. 1963년에 한국의 수출 실적은 8680만 달러였는데, 이듬해 수출 목표를 전년 대비 39.3% 늘어난 1억2000만 달러로 잡았다. 본래 박정희가 제시한 수출 목표는 1억 달러였는데, 상공부장관에 취임한 박충훈 朴忠勳이 1964년 5월 11일에 취임하면서 1억2000만 달러로 올려 버렸다고 한다. 박충훈은 그 전해 2월부터 6개월 남짓 상공부장관에 재직했다.

수출은 군사 작전을 방불케 할 정도였다. 마치 전쟁에서 고

지 점령 목표를 세워 놓고 총력전을 벌여 고지를 점령하는 듯 했다. "하면 된다!"는 것이 경제의 표어가 될 정도였다. 내다 팔 수 있는 것은 가리지 않고 모두 내다 팔았다. 1964년 11월 30일, 마침내 박정희가 제시했던 목표 1억 달러를 돌파했다. 정부는 회의를 열어 목표 달성을 기념하고 수출을 더욱 독려하기 위해 이날을 '수출의 날'로 정했다.

이제 박충훈이 제시한 2000만 달러의 목표가 남았다. 마지막 해가 다가기 2시간 전인 12월 31일 저녁 10시에 드디어 2000만 달러가 더 수출돼 1억2000만 달러의 목표가 달성되었다. 당시 상공부 공업 제1국장이던 오원철은 "수출 목표가 달성되는 순간 대기하고 있던 상공부 직원들은 모두 감격의 만세를 불렀다"고 회고했다. 박충훈은 청와대에서 초조하게 기다리고 있던 박정희에게 전화를 걸었다. 조잡한 경제개발 계획에다 외환 위기까지 겹쳤고, 경험 미숙에 따른 시행착오 끝에 이룬 1억 달러의 금자탑이었다.

자신감을 얻은 박정희는 더욱 수출에 모든 것을 걸기 시작했다. 그러자 업계에서는 비상이 걸렸다. 1964년에 전년 대비 39.3%의 수출 증대를 가져왔으니 박정희가 자칫 해마다 40% 수출 증대를 목표로 삼을까 두려웠기 때문이다. 그러나 박정희는 인정사정없었다. 박정희는 마치 목숨을 걸고 군대를 지휘하는 장군의 모습을 수출 전선에서 그대로 보여주었다. 1965년 수출 목표는 전년 대비 49%나 늘어난 1억8000만 달러로 정해졌다. 경제개발에 따른 공장 증설로 공산품이 서서히 수출 대열에 오르면서 목표치는 달성되었고, 결국 업계의 우려대로 40% 내외의 수출 증가율은 당연한 것처럼 여기는 분위기가 되었다.

수출을 좀더 체계적으로 준비하고 대비하자는 의견이 대두되면서 1965년부터 '수출확대회의'를 만들어 달마다 회의를 열었다. 대통령을 비롯해 총리 등 관료들이 거의 모두 참석했고 수출 관련 회사 대표도 참석했다. 박정희는 첫 회의를 시작으로 15년간 이 회의를 거의 달마다 주재했다. 박정희는 군 출신이었지만 이 회의를 통해 누구보다도 정확한 경제 실무 지식을 갖춘 전문가가 되었다.

박정희는 여기에서 멈추지 않았다. 제1차 5개년 계획을 마감하는 1966년에 2억 5000만 달러를 수출하자 박정희는 1967년 연두 교서를 통해 '1970년대에 10억 달러 수출 목표를 달성하겠다'는 목표치를 제시했다. 이 해는 제2차 5개년 계획이 시작되는 시점이라 상공장관 박충훈은 제2차 5개년 계획 마지막 해인 1971년에 10억 달러를 달성하라는 박정희의 의지로 받아들였다. 결국 정부의 모든 계획이 이 산업기술지도에 따라 다시 작성되었다.

이 계획 이면에는 1965년 한·일 국교 정상화로 일본에서 자본이 유입되면서 섬유 등 각 분야에 산업 설비가 빠른 속도로 마련되면서 공산품 수출이 늘어난 데 따른 자신감도 있었다. 박정희는 입만 열면 "기회가 있을 때 밀어붙여!"라며 정부와 업계를 닦달했다. 결국 박정희식 밀어붙이기로 10억 달러 수출은 당초 계획보다 1년 앞선 1970년에 달성되었다.

오원철은 "기아선상에서 허덕이는 절망스런 민생고를 시급히 해결하고 자주 경제를 재건한다는 박정희 대통령의 공약이 1970년 10억 달러 수출로 마침내 이행되었다"고 평가했다.

## "10월 유신은 수단, 목표는 중화학공업 건설!"

빛이 있으면 그 화려함만큼이나 그림자도 깊게 마련이다. 압축 성장이라고 불릴 만큼 짧은 기간에 성과를 거둔 박정희 정권의 경제 성장은 기념비적 수출만큼이나 많은 문제점을 잉태하기 시작했다.

급속한 산업화를 하려다 보니 빌려 올 수 있는 돈은 가리지 않고 도입했다. 이는 곧 외채 상환의 압박으로 이어졌고 자금난으로 연결되었다. 차관으로 세운 기업은 1969년 이후 경영이 부실해졌고 경제 운용에 상당한 부담이 되었다. 수출만을 위한 시설투자를 하다 보니 자원 분배가 균형 있게 이뤄지지 못해 부문별 시설 과잉 문제도 돌출했다.

박정희 정부의 수출 드라이브 시작은 저임금 구조였다. 1960년대에는 국민의 인내와 내핍으로 넘어갈 수 있었지만 1970년대에 들어 노동 조건을 개선하지 않으면서 갈등이 급속도로 악화되었다.

한반도 주변 정세도 빠르게 변하고 있었다. 미국 대통령 닉슨Richard M. Nixon은 1970년 2월에 이른바 '닉슨 독트린' 발표를 계기로 아시아에서 발을 빼는 모습을 보였다. 닉슨은 의회에 보낸 이 외교 교서에서 미국은 앞으로 베트남전쟁과 같은 군사 개입을 피하며, 특히 "아시아 여러 나라와의 조약상 약속을 지키긴 하겠지만 강대국이 핵으로 위협하는 경우를 제외한 내란이나 침략에 대해서는 아시아 각국이 스스로 대처해야 할 것"이라고 못 박았다. 아시아에 더 이상 깊이 개입하지 않을 것임을 천명한 것이다.

닉슨 독트린으로 1971년 3월에 주한미군 제7사단을 비롯한 주한미군이 일부 철수했고, 북한의 4대 군사노선 추구와 무장공비 남파 등 국내외 안보 환경이 극도로 긴박하게 돌아갔다. 박정희는 자주 국방을 기치로 내걸고 방위산업을 통한 방위 체계를 준비하는 한편, 북한과의 대화를 통해 긴장 완화에 나섰다. 그 결과가 바로 1972년에 합의한 7.4남북공동성명이었다.

1960년대와는 판이한 정치 정국이 전개되기 시작했다. 긴장완화의 물결이 국내 정치를 압박하기 시작하면서 야당의 성장세가 가팔랐다. 1971년 선거는 그 정점에서 일어난 정치 사건이었다. 조직과 자금을 장악한 박정희였지만 신민당 후보로 나선 김대중金大中 후보는 "이번에 정권 교체를 하지 못하면 박정희 후보가 종신 대통령을 위해 총통제를 실시할 것"이라고 공세를 취해 국민의 호응이 높아졌다. 4월 27일, 선거 개표 결과 박정희 후보가 634만2828표를 얻어 539만5900표를 얻은 김대중 후보를 94만6928표 앞질러 당선이 결정되었다.

근소한 차이로 박정희가 대통령에 선출되었지만 선거 자체에 대한 불신은 곧 '부정 선거' 논쟁으로 불거졌고 재야 및 학생들의 민주화 운동은 더욱 치열해졌다. 더군다나 박정희 권위주의 체제 아래에서 일사불란했던 여권 내부에서조차 권력 갈등이 발생하기 시작했다. 박정희는 이 문제를 대화와 타협을 통해 풀어가기보다는 강력한 권위주의 체제 구축으로 대응했다. 바로 1972년 10월 17일의 '10월 유신'이었다.

헌법의 일부 기능이 정지되었으며 모든 권한은 비상국무회의로 넘어갔다. 10월 유신이 일어난 지 한 달 만인 11월 21일에 비상국무회의가 마련한 유신헌법안이 국민투표를 거쳐 확정되었다. 12월 23일에 박정희는 국민의 직접선거가 아닌 '통일주체국민회의'를 통한 간접선거를 통해 대통령에 당선되었다. 종신 집권을 위한 유신 체제가 등장한 것이다.

유신 체제의 등장은 경제적으로는 '10월 유신, 100억 달러 수출, 1000달러 소득'이란 구호로 표현되었다. 박정희는 유신 체제의 정당성이야말로 이 구호가 현실화될 때 국민이 인정해 줄 것으로 믿었던 것이 틀림없다. 과거 5.16의 정당성은 혁명 공약인 가난을 추방할 때 얻을 수 있다고 믿었던 것과 차이가 없었다.

10월 유신을 앞둔 1972년 2월, 1980년도 수출 목표를 50억 달러로 잡았다. 그런데 석 달 뒤 박정희는 오원철 경제 2수석을 불러 "임자, 100억 달러 수출을 하자면 무슨 공업을 육성해야지?"라고 질문했다고 한다. 이에 오원철은 이렇게 답했다.

"각하! 중화학공업을 발진시킬 때가 왔다고 봅니다. 일본 정부는 제2차 세계대전 뒤 폐허가 되다시피 한 경제를 소생시키기 위한 첫 단계로 경공업 위주의 수출 산업에 치중했습니다. 현재 우리나라와 사정이 같습니다. 그 후 일본의 수출액이 20억 달러에 달할 때 중화학공업 정책으로 전환했습니다. 이때가 1957년입니다. 그 후 10년이 지난 1967년에 일본은 100억 달러를 수출하게 되었습니다. 지금은 기계 제품과 철강 제품이 일본 수출의 주력 상품이 되었습니다."
(오원철 회고록, 『박정희는 어떻게 경제강국 만들었나』)

오원철은 비서실장 김정렴의 전폭적인 지지로 중화학공업 기본 계획을 세웠다. 결국 박정희의 수출 100억 달러라는 화두가 중화학공업 육성으로 귀결된 것이다. 오원철은 "박정희 대통령은 유신 체제 수립의 당위성을 7.4남북공동성명을 만들어 낸 남북회담과 국제 정세 변화에 대응한 체제 정비에 두었으나, 유신체제의 실질적 목표는 중화학공업을 건설해 한국을 선진국 문턱으로 끌어 올린다는 것이었다"고 밝혔다. 중화학공업 건설을 위해 유신 체제를 선포했고, 이를 통해 국력을 조직화하고 능률을 극대화했다는 것이 오원철의 의견이다.

오원철의 견해는 당연히 논쟁을 불러일으킬 수 있다. 박정희의 의도가 정확히 무엇인지는 여전히 베일에 가려져 있기 때문이다. 다만 확실한 것은 중화학공업 육성으로 수출 100억 달러를 달성하면 국민들이 유신 체제를 적극 지지할 것이라는 등식을 머리에 넣어 두고 있었던 것은 틀림없다.

1972년 12월 28일에 열린 수출진흥확대회의에서 '1980년 100억 달러 수출' 계획이 확정되자 박정희는 이렇게 말했다.

"10월 유신에 대한 중간 평가는 수출 100억 달러를 기한 안에 달성하느냐 못 하느냐에 달려 있다. 그렇기 때문에 행정, 생산 양식, 농민 생활, 국민의 사고방식, 외교, 문교, 과학 기술 등 정부의 모든 정책 초점을 100억 달러 수출 목표에 맞추어 총력을 집중해야 한다."

유신 체제의 중화학공업과 방위산업 육성은 예정대로 진행되어 갔다. 화약 공장(제7비료 남해화학과 여천 한국화약 제2공장), 조선소(옥포조선소, 삼성조선소), 전자(구미 공업기지), 기계공업(창원 기계공업기지) 건설 계획이 마련되었고, 박정희는 다시 "밀어붙여!"라며 독려하기 시작했다. 마침내 1977년 12월 22일에 연간 100억 달러 수출 목표를 3년 앞당겨 달성했다. 이날 박정희의 일기는 이러했다.

"100억 달러 수출의 날. 100억 달러 수출 목표 달성 기념 행사 거행. 오전 10시 장충체육관에서 각계 인사 7천여 명이 참석, 성대한 행사를 거행했다. 1962년 제1차 경제개발 계획을 추진하던 해 연간 수출액이 5000만 달러였다. 그 후 1964년 11월 말에 1억 달러가 달성되었다고 거국적인 축제를 했고, 11월 30일을 수출의 날로 정했다. 1970년에는 10억 달러, 7년 뒤인 금년에 드디어 100억 달러 목표를 달성했다. 서독은 1961년에, 일본과 프랑스는 1967년에, 네덜란드는 1970년에 100억 달러를 돌파했다고 한다. 10억 달러에서 100억 달러가 되는 데 서독은 11년, 일본은 16년(1951~1967)이 걸렸다. 우리 한국은 불과 7년이 걸렸다. 1981년에 가면 200억 달러가 훨씬 넘을 것이다. 1986년 무렵이 되면 500-600억 달러가 될 것이다. 100억 달러, 이제 우리의 새로운 출발점으로 삼자. 새로운 각오와 의욕과 자신을 가지고 힘차게 새 전진을 다짐하자."

## 노동자 착취가 아니라 착취한 부의 효율적 집행이 성공 원인

수출을 통한 경제개발이라는 박정희식 방법은 그야말로 경이적이었다. 영국 케임브리지 대학의 장하준 교수는 "1%씩 성장하는 국가의 경우에는 두 세대가 지나야 소득이 2배가 되지만, 6%씩 성장하는 국가의 경우에는 두 세대가 지나면 소득이 64배가 된다"며 박정희 경제개발의 기적을 풀이한다. 박정희식 경제개발이 유례없는 성공이라는 것이다. 유럽의 산업혁명 시기 경제 성장률이 1.1% 정도였을 때 박정희 시대 경제 성장률은 평균 6%였다.

국민대 정승일 교수는 박정희 시대에 국가와 자본이 노동자들을 가혹하게 착취했다는 기존의 지적에 대해서도 다르게 설명했다. 그는 "자본주의라는 것은 본질적으로 노동자를 착취해야 성립할 수 있는 체제이다. 경제 발전에 성공한 나라의 지배층과 실패한 나라의 지배층 간에는 바로 착취로 빨아들인 부를 어디에 사용했느냐에 차이가 난다"고 했다. "이승만 체제와 박정희 체제의 차이는, 전자의 경우 민중들로부터 수탈한 부를 흐리멍텅하게 낭비해 버렸으며 남미南美도 마찬가지"이며 "그에 비해 박정희 시대의 국가는 자본이 노동자를 착취해 수탈한 부를 생산적인 방향으로 투자하도록 강요하는 역할을 했다"고 지적했다. 박정희 리더십의 실체는 노동자에 대한 착취 때문에 성공했다기보다는 착취한 부를 효율적으로 사용했기 때문에 성공했다는 것이다.

박정희의 경제 리더십이 반 민족주의적라는 지적에 대해서도 그는 "박정희 체제는 경제 문제와 관련해서 오히려 종속당하지 않기 위해 상당히 민족주의적인 입장을 표방했다"고 못 박았다. 적어도 경제에 관해서는 가장 자주적인 시대가 바로 박정희 시대였다는 지적이다.

우리 사회에서는 여전히 박정희식 경제개발과 리더십을 놓고 논란이 계속되고 있다. 특히 성장 일변도의 박정희식 경제개발이 분배에 관심을 기울이지 않아 '양극화'를 초래했다는 주장이다. 그러나 한국 경제는 성장이 둔화되었던 1997년 이후 오히려 분배가 급속히 악화되었다는 사실도 지적되고 있다. 박정희식 경제 성장을 비난하기에 앞서 먼저 경제 성장이라는 사회 전체의 파이를 키워 놓아야 한다는 지적이다. 그런

점에서 박정희식 성장 리더십의 정신은 지금도 여전히 유효하다는 점을 인정하지 않을 수 없다.

## 원조 한류, 새마을운동

세계 경제의 블랙홀로 불리며 고도성장을 계속하고 있는 중국의 고민은 농촌이다. 경제특구에서 시작된 중국 경제개발은 도시와 농촌 간의 극심한 양극화를 초래하고 있다. 분배 불평등을 측정하는 지니계수로 보면, 중국은 2004년에 이미 0.5를 넘어섰다는 우려까지 나왔다. 지니계수는 0에서 1까지 사이 값으로 표현한다. 0이면 전 국민이 완전히 평등한 사회이지만 1이면 한 사람이 국가의 부를 100% 다 갖고 있는 것을 뜻한다. 세계은행은 지니계수가 0.4를 넘어갈 경우 계층 간 대립이 심화되어 사회 불안이 가중된다고 경고하고 있는데 중국은 그 수치를 넘어선 것이다.

결국 중국은 농촌을 발전시킬 획기적 대안을 찾기 시작했다. 독일이나 캐나다 등 농업 선진국부터 일본, 한국, 대만 등 아시아 각국을 조사한 결과 한국의 새마을운동을 농촌에 보급하기로 결정했다. 중국 정부는 이를 위해 여러 차례 중국 지방 공무원들을 대거 한국에 연수를 보내고 있다.

새마을운동은 이미 1972년부터 유엔개발계획(UNDP)을 통해 농촌 개발 및 빈곤 퇴치 모범 사례로 수많은 개발도상국에 보급되었다. 한류의 원조라고 할 수 있다. 그리고 중국은 마지막에 이를 수용한 셈이다.

새마을운동의 핵심은 도농 격차에 따른 농촌 개혁 운동이다. 도시는 급속한 산업화로 발전하기 시작했는데 농촌은 여전히 먹고살기 힘들 정도로 어려움을 겪었기 때문이다. 이 운동은 박정희의 연설로 시작되었다.

"주민들에게 의욕이 없는 마을은 5000년이 가도 일어서지 못할 것입니다. 주민들이 해보겠다는 의욕을 갖고 나서면 정부에서 조금만 도와줘도 2, 3년이면 일어날 수 있습니다. 또 금년에는 주민들의 힘으로 길을 닦고 다리를 놔야겠습니다. 주민들의 힘으로 할 수 없는 것은 군郡이나 도道에 지원을 요청하고, 나머지는 주민들의 힘으로 해보자는 것입니다. 이 운동을 '새마을 가꾸기 운동'이라 해도 좋고, '알뜰한 마을 만들기 운동'이라 해도 좋을 것입니다." (박정희, 1970.4.22. 지방행정기관장 회의 발언)

이 발언 이후 후속 조치로 새마을운동이 시작되었다. 1960년대 이전 농촌의 쌀 수확량은 1헥타르 당 1.5-2톤에 불과했으나 1960년대에 4-5톤 수준으로 높아졌다. 간신히 보릿고개를 면하기는 했다. 그러나 1970년대 초에도 농촌 주택의 80%는 초가집이었으며, 전기 보급은 전체의 20%에 불과했다. 도로 자체가 제대로 만들어지지 않아 마을까지 자동차가 들어갈 수 없는 곳이 태반이었다. 농촌의 생활환경은 말로 다 할 수 없을 정도로 열악했다.

　새마을운동의 시작은 생활환경 개선 사업이다. 새마을운동 첫해인 1970년에는 각 부락별로 300~350포대의 시멘트를 무상으로 배급해 주었는데, 반드시 마을의 공동 사업에만 써야 한다는 조건을 달았다. 자칫 정부 예산이 부락을 분열시키는 원인이 될 수도 있었기 때문이다.

　이에 따라 정부가 지원하는 시멘트 사업을 하기 위해 공무원들이 부락 단위로 마을 진입로 확장, 작은 교량 건설, 농가 지붕 개량, 우물 시설 개선, 공동 목욕탕 건립, 작은 하천의 둑 개조, 공동 빨래터 만들기 등에 대해 조사를 진행했다.

　새마을운동은 곧 마을 간 경쟁 체제로 변화했다. 주민이 단결해 성과를 올리면 지원을 해주고 성과가 없으면 지원도 없었다. 새마을운동이 더욱 확산되면서 생활환경 개선 사업을 넘어 전기와 전화 가설, 식량 증산으로 이어졌고, 농촌 근대화의 중추신경이 되었다. 각 새마을 부락은 부락민 중에 새마을 지도자를 한 사람씩 선출했다. 이들은 연수와 모범 부락 견학을 통해서 얻은 지식을 가지고 자기 부락을 지도해 나갔다.

　1973년 제1차 석유 위기가 닥쳤을 때부터는 새마을운동이 도시로 확산되었다. 농촌과는 달리 도시 새마을운동의 기본 방향은 새로운 시민상, 직장인상, 지도자상을 정립해 근대화를 추진한다는 목적이었다. 특히 공장 새마을운동은 '물자 절약, 에너지 절약, 품질 개선, 생산성 향상' 등을 목표로 했다.

　물론 새마을운동을 비판하는 세력들은 여기에 고도의 정치

음모가 숨어 있다고 믿는다. 농촌이 피폐해진 직접적인 원인은 바로 낮은 곡가, 낮은 임금을 기초로 한 경제개발 정책이라는 것이다. 결국 박정희는 이 문제를 풀기 위해 농촌이 낙후된 원인을 농민들의 게으름과 나태 등의 이유로 돌리며 사태를 호도했다고 보았다. 더군다나 지붕 개량 등 환경 개선 사업이나 유통구조 개선 사업은 건설업의 불황을 타개하고 독점 자본이 농촌에 침투하는 것을 원활하게 하기 위한 측면이 더 강했다는 지적도 한다.

또한 농민을 잘살게 해주겠다는 새마을운동 때문에 정부의 통제와 간섭은 더욱 심해졌다는 지적도 있다. 이는 새마을운동이 농민의 자발적인 운동이 아니라 전형적인 관치 체제였다는 태생적 한계이기도 하다. 더군다나 모든 예산이 정부에서 지출되는 것이라 관이 주도한 민간 운동의 한계는 분명했다.

그러나 새마을운동은 급속한 산업화와 공업화로 도시와 농촌의 불균형이 심화되고 있을 때 완충 지대의 역할을 훌륭히 수행했다. 또한 농촌 환경 개선과 소득 증대에도 지대한 역할을 했음은 분명한 사실이다. 1967년에 농가 소득은 도시의 60%에 지나지 않았지만 1974년부터 상황이 역전되었던 것도 바로 새마을운동의 결과였다.

# 위기는 기회: 사막에서 달러를 캐다

한국 경제는 수출 제일주의를 발판으로 놀라운 성장을 했다. 하지만 이러한 치명적 약점 때문에 국제 정세의 변화에 민감하게 반응할 수밖에 없다. 그런데 전 세계 경제를 일시에 공황 상태로 몰아넣은 위기가 1973년에 발생했다. 바로 제1차 석유 위기다. 1973년 10월 6일 이집트와 시리아의 이스라엘 기습 공격으로 시작된 제4차 중동전쟁은 전쟁 자체보다 아랍 산유국의 석유 금수 조치로 자원이 무기로 돌변한 일대 사건이었다.

본래 세계 주요 석유 생산 수출국들은 원유의 가격을 유지하려는 목적으로 석유수출국기구(OPEC)를 만들어 놓았다. 여기에는 중동뿐만 아니라 남미 등 전 세계 석유 생산국이 포함되어 있다. 아랍 산유국들은 1967년 이스라엘과 이집트의 제 3차 중동전쟁(6일 전쟁) 때 석유를 무기화하는 석유 금수 조치를 시도해 이스라엘과 서방을 압박하려 했으나 비非아랍권이 동의하지 않아서 실패한 바 있다. 이에 격분한 아랍 산유국들이 따로 만든 기구가 아랍석유수출국기구(OAPEC)이고, 결국 제4차 중동전쟁 때 그 위력을 보여주기 시작했다.

다른 국가도 그랬지만 한국만큼 심각한 타격을 받은 국가도 없었다. 한국이 수입해 온 석유는 전부 중동산이었다. 게다가 박정희는 1973년 1월 12일 연설에서 '중화학공업화 선언'을 한 터였다. 석유는 중화학공업의 생명선이었는데 그게 거의 끊어질 상황에 몰렸다. 국제 원유 가격이 몇 달 만에 4배 폭등했다. 특히 한국은 전형적인 친미 국가라는 낙인이 찍혀 아랍 산유국들도 그리 호감을 갖지 않았다. 공급량이 22%나 줄어들었다.

당장 발등에 떨어진 불은 공급량 확보였다. 당시 중동 지역에 전혀 기반을 갖고 있지 못했던 박정희는 원유 물량 확보에 총력을 폈다. 결국 연줄에 연줄을 동원해서 주로 미국의 메이저 석유 공급사에 장차관을 파견해 물량을 확보했다. 당시 중화학공업 건설 문제로 한국에 진출한 걸프, 칼텍스, 유니언 오일 등이 공략 대상이었다.

이 응급조치로 석유공급은 문제가 없었지만 유가가 가파르게 올라가 국내 경제를 공황으로 몰아넣었다. 1974년과 1975년 사이에 도매 물가는 100%, 소비자 물가는 72% 상승해 한국전쟁 이후 최고의 인플레이션을 기록했다. 박정희가 정권을 잡은 이래 최대의 경제 위기였다. 박정희는 자칫 혼란에 빠질 수도 있다는 우려 때문에 1974년 1월 14일 대통령 긴급조치를 선포하는 등 국가적 위기 대응 조치에 들어갔다. 그러나 이러한 조치는 예상되는 혼란을 통제할 수는 있지만 근본 대책은 아니었다.

## 한국전쟁 이후 최대의 경제 위기

정부 관료들은 원유를 확보하기 위해 중동 아랍 국가와의 외교 강화가 절실하다는 입장을 밝혔다. 특히 메이저 석유사들도 한국이 중동국가들과 직접 접촉 하는 것에 대해 미국도 반대하지 않을 것이라는 분위기를 감지했다. 특히 원유가 인상으로 중동의 아랍 국가들에 달러가 넘쳐 난다는 흥미로운 보고도 올라왔다.

박정희는 1973년 12월에 최규하崔圭夏를 특사로 중동 지역에 파견해 상세한 정보를 수집하도록 했다. 최규하는 사우디아라비아를 방문해서 외유 중인 야마니 석유장관 대신 차관인 나제르를 면담했는데, 이듬해 2월 그가 기획장관으로 승진해 한국을 방문하게 되었다. 그의 방한에 맞춰 전격적으로 한국-사우디 경제협력위원회를 설립했고, 중동 진출을 적극 모색하기 시작했다. 떡 본 김에 제사 지낸다는 속담처럼 석유 위기로 부자가 된 열사의 땅에 달러를 캐러 가기로 한 것이다.

두 달 뒤인 4월 25일, 박정희는 상공부장관과 건설부장관을 비롯해 삼성, 선경, 쌍용 등 7개 민간 기업 대표자를 포함한 대규모 사절단을 중동에 파견했다. 특히 이 방문에서 사우디아라비아는 중동 진출의 관문이 되었다. 우선 사우디 정부는 한국에 대해 장기간 원유 공급을 보장하는 한편, 한국이 하루 산출 15만 배럴 규모의 정유합장공장 건설에도 참여하게 되었다. 특히 사우디 정부는 한국 측에 경제 계획 전문가, 내수면 개발 요원 등 경제 전문가 파견을 요구했고, 한국 정부는 현지에 페인트, 강관, 알루미늄 새시 공장 합작 방안도 논의했을 정도로 중동 진출이 무르익기 시작했다.

한국이 중동에 진출한 뒤 가장 큰 달러를 벌어 온 업종은 아무래도 건설 회사들이었다. 박정희는 1974년 9월 18일 건설부장관에 김재규金載圭를 임명했다. 그리고 "석유 위기로 인한 외환 위기는 석유 위기로 부자가 된 중동에서 처방책을 찾아내라"고 강력히 지시했다.

## "소도둑이 무서워 소를 못 기른다고?"

김재규는 달러가 넘쳐 나는 중동에 건설 업체를 적극 진출시킨다는 목표를 세운 뒤 한 달 동안 실무 작업을 거쳤다. 건설 업체의 진출을 지원하기 위해 물적 담보 없이 신용만으로 지급 보증을 내주고, 건설 수출 소득에 대해서는 50%의 법인세를 감면해 주며, 25개 건설 업체의 공동 출자로 한국 해외 건설주식회사(KOCC)를 설립한다는 안을 청와대에 보고했다.

하지만 건설부의 방안은 중동 진출에는 유리했지만 기본적으로 경제 논리를 무시한 측면이 많았다. 신용 지급 보증만 해도 해당 건설사가 부도를 낼 경우 그 부담은 고스란히 은행에 돌아와 은행 파산으로 이어질 수도 있다. 경제기획원과 재무부는 도저히 이런 방안을 받아들일 수 없었다.

그러자 결국 박정희가 나섰다. 박정희는 "소도둑이 무서워 소를 기르지 않겠다는 것과 무엇이 다르냐?"며 경제기획원과 재무부를 야단친 뒤 "건설부도 관리 감독을 철저히 해 부실 회사가 생겨나지 않도록 전력을 다하라"고 지시했다. 또한 건설 업체의 해외 진출을 지원하기 위한 '해외건설촉진법'이 제정되어 그야말로 건설 업체의 중동 특수가 시작되었다. 1974년에 8900만 달러에 불과하던 수주액은 이듬해 무려 7억 5100만 달러로 거의 9배가량 늘어났다.

건설 업체의 중동 진출에는 삼환건설의 초기 수주 활동이 상당한 자극제가 되었다. 창립자인 최종환崔鍾煥은 미군이 수주하던 공사로 국내 기반을 마련했다. 그러다 5.16 이후 관급 공사 수의 계약이 입찰제로 바뀌면서 승승장구했다. 1962년에 발주한 서울 광진구 광장동 워커힐 호텔 건설 공사는 삼환이 맡은 최초의 관급 공사였다.

삼환은 1963년에 베트남 지사 설립을 시작으로 해외 진출을 시도한 최초의 회사였다. 베트남 전쟁 상황이 좋지 않아 곧 철수하고 말았지만 1968년 인도네시아 자카르타에 지사를 설립할 때 좋은 경험이 되었다. 박정희 정부가 중동 진출을 적극 모색하자 삼환은 1973년에 국내 업계 최초로 사우디에 진출했다. 삼환은 사우디아라비아 정부가 발주한 공사 입찰에 네 번이나 떨어지는 우여곡절 끝에 2400만 달러 규모의 카이바-알울라 고속도로(175km) 입찰에 성공해서 일약 중동 진출 1호 기업이 되었다.

삼환은 그러나 새로운 환경에 적응하지 못했다. 3년간의 공사 기간 중 자재 공급에서부터 이슬람에 대한 이해 부족에 따른 문제 발생 등 숱한 시행착오를 겪다가 결국 적자를 보고 말았다. 본 공사에서는 적자가 발생했지만 고속도로 건설 착공 이듬해에 사우디 최대 규모의 도시 제다의 미화 사업을 맡으면서 기회를 잡기 시작했다.

1974년 9월, 공사에 착공한 지 한 달 만에 제다시장이 특별한 부탁을 했다. 회교 순례자들이 메카 순례를 위해 사우디에 들이닥치는 12월 20일 전까지 공사를 끝내 달라는 것이었다. 삼환은 횃불을 켜 놓은 채 야간 공사를 강행했다. 그러던 중에 이 근처를 지나던 사우디의 파이잘 국왕이 이 광경을 보고 크게 감탄했다. "저렇게 부지런하고 성실한 사람에게 공사를 더 주라!"고 특별 지시를 내려 사우디 신문에 보도되었고, 한국 언론에서도 '횃불 신화'로 소개되었다. 이를 계기로 삼환은 6000만 달러 규모의 대형 공사를 수의 계약하게 되면서 국내 건설 업체가 중동에 진출하는 기폭제가 되었다.

1973년에는 삼환만 중동에 있었지만 이듬해에는 7개, 1975

년에는 20개, 그리고 1979년에는 60개 회사가 진출했다. 단순한 도로 공사에서 항만 공사, 건축 및 전기통신 공사 그리고 나중에는 가장 복잡한 플랜트 건설까지 수주함으로써 한국의 건설업체들은 세계적 경쟁력을 갖추기 시작했다.

중동의 건설 역사에서 신화적 존재로 남은 것은 역시 사우디의 주베일 항만 공사였다. 공사 자체가 난공사였다. 호안護岸 공사에 방파제 공사는 기본이었으며, 30만 톤급 유조선 4척이 동시에 접안할 수 있는 '해상 유조선 정박 시설'까지 포함되어 있었다. 현대건설은 당시 해외 공사로는 최대 규모인 9억 4000만 달러의 항만 공사를 결국 수주했다. 경쟁사 가운데 가장 낮은 가격으로 입찰 받은 것이기는 해도 당시 한국 정부 1년 예산의 25%에 달할 정도로 큰 규모였다. 하지만 사우디 정부는 한국의 민간 기업을 믿을 수 없다면서 한국 정부에 지불 보증을 요구했고, 계약 주체도 현대가 아니라 한국 정부로 해줄 것을 요청했다. 결국 계약은 사우디 정부와 사우디 주재 한국 대사 사이에 이루어졌다.

현대건설의 정주영鄭周永은 공사 기간을 줄이기 위해 해상 유조선 정박 시설을 울산조선소에서 부품으로 만들어 사우디까지 무려 1만2800킬로미터를 바지선으로 예인해 왔다. 견인 선박 한 척에 바지선 두 척을 연결해 운반했는데, 모든 부품을 운반하는데 열아홉 번이나 왕복해야 할 정도였다. 주베일은 한국 건설의 빛나는 금자탑이었다.

## 해마다 우수한 기능사를 5만 명 양성하라

한국의 중동 진출과 함께 숙련 기능공 양성 작업도 시작되었다. 박정희는 "해마다 5만 명의 기능공만 양성할 수 있다면 우리는 선진국이 될 수 있다"는 신념을 가지고 있었다. 한국 업체의 중동 진출로 기능공 공급이 도저히 수요를 못 따라가자 박정희가 입버릇처럼 내뱉던 말이었다.

이에 따라 중동에 진출하는 기능공을 전문으로 양성하는 프로젝트가 시작되었다. 공업계 고등학교에서 시험을 통해 해외 진출 기능공 후보를 뽑아 집중 훈련하는 방법이 채택되었다. 이 과정에 선발되면 충분히 실습을 할 수 있어 6개월 만에 기능사 2급 자격을 취득할 수 있었다. 이후 3개월간 현장 교육을 더 받은 뒤 졸업과 동시에 취직이 되었다. 이들은 곧 중동에 취업을 했고, 특히 박정희의 특별 배려로 병역 혜택도 받았다. 열악한 조건이기는 했지만 취직이 힘든 시대에 공고 졸업만으로 일류 회사에 취직할 수 있었다. 또 사회에서도 기술자가 상당히 대우를 받던 시절이었다. 박정희는 이들을 일컬어 "조국 근대화의 기수"라며 많은 격려를 했다.

기능공을 양성한 결과는 그 뒤 국제기능올림픽에서 나타났다. 한국은 1967년에 열린 제16회 대회 때부터 참가했다. 기능공 훈련의 성과가 본격적으로 나타난 1977년의 제23회 대회에서 마침내 우승을 차지했다. 한국은 이때부터 2003년 37회 대회까지 1993년의 대만 대회를 제외하고는 14번 연속 우승을 자랑하는 기능 대국이 되었다.

석유 파동으로 시작된 한국의 경제 위기는 중동 진출로 상당부분 해소되었을 뿐만 아니라 중화학공업 육성이라는 1970년대 정책 목표를 달성할 수 있는 가장 중요한 원군이 되었다. 우선 연평균 13%라는 고도성장이 가능했다. 특히 중동 건설 유행이 본격화되면서 일자리가 빠르게 늘어났을 뿐만 아니라 임금도 빠르게 상승했다. 1976년부터 3년간 임금은 연평균 34%씩 올라갔다는 통계도 나와 있다. 임금의 상승은 중화학공업의 추진력이 되었다. 단순한 노동에 의한 경공업으로는 임금 상승을 감당할 수 없었기 때문이었다. 중동의 건설업 진출은 결국 국내 경제구조를 변화시킬 정도로 중요한 경제 변수가 되었다.

중동 진출은 박정희 정부가 만들어 낸 정책의 산물이다. 건설 업체에 대해 정부가 보증을 섰고, 또 중동에 진출하는 기능공에 대해서는 병역까지 면제해 줄 정도로 박정희가 모든 것을 건 프로젝트였다.

# 맺는 글

정파政派의 시각에서 박정희를 들여다보면 마지막에 가서는 딜레마에 빠지고 만다. 박정희 정권이 행한 반민주적, 반민중적 정치 행태를 강조하는 입장에서는 경제 성과에 대해 얘기할 때 다소 머쓱해진다. 박정희를 구국의 영웅으로 만들고 싶은 입장도 별반 다를 게 없다. '한강의 기적'이라 일컫는 경제에 대해서는 할 말이 많지만 민주화 문제만 나오면 어색하고 궁색해진다.

박정희 리더십에 대한 평가는 그 시대 정치와 경제의 상관관계로 먼저 따져볼 수밖에 없다. 하와이 동서문제연구소 포스코펠로십POSCO Fellowship 조정관인 김충남金忠男 교수의 지적은 이런 점에서 새겨들을 만하다. 정치와 경제는 동전의 양면처럼 서로 연관되어 있으며 결국 국가 지도자는 국가 건설을 위해 우선순위를 결정할 수밖에 없다는 것이다. 그는 "민주 정치를 어느 정도 제한하지 않고는 경제 발전이 어려웠다"고 박정희 시대를 평가했다.

실제로 박정희가 정권을 잡았던 때는 사실상 국가 파산 상태였다. 남북 분단과 갈등이 생존을 위협했고, 경제개발을 위한 여건은 처절할 정도로 열악했다. 따라서 박정희는 경제 발전이야말로 국가와 권력이 존재하는 유일한 이유라는 신념을 갖게 되었다. 그에게 정치란 경제 발전을 달성하는 보조 수단일 뿐이었다. '10월 유신은 결국 중화학공업을 발전시키기 위한 정치체제 정비였다'는 오원철 전 경제수석의 지적도 그래서 나오는 것이다.

최근 연구에서도 경제 성장 측면만 본다면, 시장경제를 수용하면서도 정치적 자유를 제한하는 권위주의 체제 국가의 성과가 더 큰 것으로 나타났다. 이것은 미국경제연구소(AEI) 케빈 해셋Kevin Hassett 경제정책국장이 2007년에 발표한 논문에서 나온 결과다. 그는 지난 15년간 미국 등 자유민주국가와 중국과 러시아 등 정치의 자유를 억압하는 국가의 경제성장률을 비교했다. 미국 등 자유민주국가의 경우 연평균 성장률이 2.62%에 머물렀지만, 중국과 싱가포르, 말레이시아, 러시아 등 정치의 자유를 제한하고 있는 국가들의 경우 연평균 6.28%에 달하는 높은 성장률을 보여주고 있다는 것이다.

해셋은 민주적 절차에 의한 다수결이 오히려 합리적 선택을 가로막거나 결정을 아예 하지 못하게 하는 이해할 수 없는 상황을 만들어 낼 수도 있다는 '불가능성 원리(Impossibility Theorem)'를 통해 이를 설명했다. 이것은 1972년 노벨경제학상을 수상한 케네스 애로Kenneth Arrow의 이론이다.

민주주의와 권위주의 중 무엇이 경제 발전에 더 효율적인지는 여전히 숙제로 남아 있지만 일정 수준 이상의 경제 발전을 이루지 못한 나라가 민주주의를 꽃피우기 힘들다는 것은 분명해 보인다. 그런 점에서 박정희는 정치의 자유를 억압했지만 경제 발전을 통해 민주주의를 꽃피울 수 있는 기초를 마련했다는 역설도 가능하다. 자신의 시대에는 민주화를 막았지만 경제 성장을 통해 결과적으로는 민주주의의 기초를 마련했다고 인식한 것이다.

「동아일보」가 1998년 8월에 정부 수립 50주년을 맞아 리서치 앤 리서치(R&R)와 공동으로 500명의 여론 선도층과 일반인 2000명을 대상으로 실시한 여론조사에서도 그런 인식이 표출되었다. 역대 업적 평가에서 박정희 정부가 가장 많은 점수를 받기도 했지만, 특히 민주주의 발전에 기여한 지도자로서도 박정희가 압도적 지지를 받았다. 박정희가 추진한 경제 발전의 성공으로 중산층이 형성되어 국민 교육 수준이 향상되었고 이들이 결국은 민주화가 본격화된 1980년대의 주역이 되었다는 점을 인정한 결과였다.

## 최대의 이익을 낸 최고경영자

우리의 과제는 박정희 경제 리더십에서 장점을 찾아내 미래지향적으로 활용하는 것이다. 보조 수단에 불과했던 정치의 반민주성이나 반민중성으로 경제 리더십까지 함께 깎아 내리는 것은 결코 바람직하지도, 미래지향적이지도 않다는 점을 분명히 해두고 싶다.

박정희의 경제 리더십에서 찾을 수 있는 첫째 교훈은 '주식회사 대한민국의 유능한 최고경영자(CEO)'였다는 점이다. 이는 박정희 시절 재무장관을 역임한 김용환의 표현이다. 현대 경영에서 최고경영자는 최소 비용으로 최대의 이익을 산출해야 유능함을 인정받는다. 박정희가 경제개발을 시작할 때 쓸 수 있는 돈이 거의 없었다. 그러나 그는 세계 10위의 경제대국이 될 수 있는 기초를 자신의 손으로 마무리했다.

현대 경영의 귀재인 잭 웰치(John F. Welch Jr. 전 제너럴일렉트릭(GE) 회장은 경영 혁신의 3요소로 3S를 설파했다. 바로 경영의 신속성(Speed), 단순한 업무 절차(Simplicity) 그리고 종업원의 자신감(Self-Confidence)이다. 박정희의 경제 리더십은 이미 이 원칙에 완전히 숙달되어 있었다. 경제 발전이라는 최우선 목표를 달성하기 위해 효율성을 극대화한 체제였다. 국민에게는 '할 수 있다'는 신념을 심어 자신감을 갖게 했다. 경제개발을 위한 국정 체계는 그야말로 군대조직처럼 일사불란해서 모든 정책이 신속히 결정되었고 업무 절차도 극도로 단순했다.

박정희의 경제 리더십에서 본받을 수 있는 둘째 교훈은 실천적 전망을 제시했다는 것이다. 그는 가난을 탈출하기 위해 수출제일주의를 실천적 대안으로 제시했다. 이를 위해 한·일 국교 정상화와 베트남 파병을 단행했다. 경공업 위주의 발전이 한계에 이르자 중화학공업으로 발전 전략을 수정했다. 석유 위기가 닥치자 중동 진출이라는 정공법을 통해 새로운 성장 동력을 끊임없이 개발했다.

박정희 경제 리더십의 셋째 특징은 국가 이익에 대해 명확한 정의를 내렸고, 초인적인 노력을 통해 이를 달성했다는 것이다. 어떤 시대를 막론하고 국가 지도자의 첫째 과제는 바로 국가 이익이 무엇인지에 대한 정의를 내리는 것이다. 국가 이익을 올바로 파악하지 못하거나 특정 이해관계에 이끌려 결정을 내리게 되면 이는 곧 국가적 재앙이 되고 만다.

박정희는 국민과 국가를 잘살게 할 수만 있다면 전 국민이 반대해도 국민을 설득했으며 무자비할 정도로 밀어붙였다. 일본과의 국교 정상화는 역대 정부가 꺼려했을 정도로 국민 정서에 반하는 정책이었다. 그는 일본과의 국교 정상화만이 일본을 이길 수 있는 길임을 확신했다. 또한 고속도로 건설이 국가 이익에 부합한다고 판단한 뒤 엄청난 반대 속에서도 강행했다.

박정희 경제 리더십의 넷째 장점은 '인사가 만사'라는 원칙에 가장 충실한 지도자였다는 점이다. 유능한 인재를 발굴해 정책 집행을 맡겼으며, 일단 맡긴 일은 임기가 끝날 때까지 충분히 능력을 발휘할 수 있는 시간을 주었다.

박정희 집권 시기 가장 대표적인 인사 정책은 최형섭의 등용이었다. 그는 강직한 과학자로 한국 과학 기술의 기초를 마련했다. 그는 사사건건 대통령의 지시에 반대했고 자신의 소신을 편 인물이다. 그러나 박정희는 듣기 좋은 말을 골라하는 정치꾼보다는 자신의 권위에 도전해도 실력만 있으면 거리낌없이 중용했다. 이들을 오랫동안 중용함으로써 능력을 발휘할 수 있도록 했고, 정책의 일관성도 유지할 수 있게 했다.

최형섭은 한국과학기술연구원 원장(1965년)부터 과학기술처 장관으로 임기를 마칠 때까지 13년간 한국 과학 기술의 터전을 닦았다. 남덕우南悳祐는 재무장관, 기획원장관으로 10년간 개발 경제의 주무 장관으로 일했다. 김정렴은 재무부, 상공부, 비서실장으로 16년간 일했다. 우리에게 불가능한 일로 보였던 제철 입국의 꿈을 이룰 수 있었던 까닭도 박태준朴泰俊을 믿고 그에게 전권을 주었기 때문이다.

박정희 리더십의 다섯째 장점은 약소국 입장에서도 냉혹한 국제정치의 현실을 이해했고, 극단적으로 국가 이익을 추구했다는 점이다. 박정희는 한·일 국교 정상화를 위한 협정이 조인된 다음날인 1965년 6월 23일에 대국민 담화를 통해 "일본 사람 하고 맞서면 언제든지 우리가 먹힌다는 이 열등의식부터 깨끗이 버려야 한다"며 패배주의와 열등의식, 퇴영적인 소극주의를 극복하자고 호소했다. 그는 누구보다도 세계화를 통해 마음을 열어야 한국이 일어설 수 있다는 점을 잘 알고 있었다.

그는 기아에 헤매고 있는 약소국의 지도자로서 냉혹한 국제질서를 거꾸로 이용할 줄 알았던 지도자였다. 베트남 파병을 통해 전통적인 한국과 미국의 관계를 대등한 관계로 끌고 간 것도 바로 박정희였다. 그리고 그 목적은 진정한 국익 추구였다. 2005년에 한·일 국교 정상화와 베트남 파병에 관련된 국가 문서가 비밀 해제되어 일반에 공개되었을 때 나온 평가는 "박정희 정부는 국익을 위해 치열하게 투쟁했고 또 성과를 얻었다"는 것이었다. 그가 어떤 지도자보다도 치열하게 국익을 추구했다는 것이 밝혀졌다. 박정희에 비판적인 참여정부 시절에 이루어진 평가라는 점은 두고두고 곱씹을 만하다.

박정희 경제 리더십의 마지막 장점은 인간 박정희의 인간성에서 나왔다. 그는 누구보다도 올곧은 신념을 가지고 있었다. 어떤 어려움에도 흔들리지 않는 집념이 있었다. 또한 가난을 극복하고 잘살아 보겠다는 강철 같은 의지를 갖고 있었다.

## 리더십의 본질은 진정성

> "정치꾼(politician)은 다음 선거를 생각하고, 정치가(statesman)는 다음 세대를 생각한다. 정치꾼은 소속 정당의 성공을 바라지만, 정치가는 자신의 조국이 성공하기를 기대한다."

노예해방과 인권 신장을 위해 일생을 바친 미국의 행동파 성직자 제임스 클라크James Freeman Clarke가 설교 도중 남긴 말로 정치인을 논할 때 자주 인용되는 말이다. 자신이 속한 정당과 계급의 작은 이익이 아니라 당파를 초월해 국민과 국가의 이익을 위해 봉사하는 자가 진정한 정치가라는 의미일 것이다.

클라크의 정치꾼·정치가는 이론적으로 구분하기엔 더 할나위 없고 그래서 인용빈도도 잦다. 그러나 현실에 존재하기힘든 이상형(Ideal Type)이다. 본래 정치의 본질이 정권을 잡아권력을 행사하는 경쟁이라는 점을 먼저 고려해야 한다. 또 인간이 본래 불완전한 존재라 천사와 악마의 내면을 골고루 갖고 있는 게 진실이다. 정치에 뛰어든 인간은 정치꾼의 현실과 정치가의 이상이 교묘하게 섞여있다.

그런데 유독 박정희는 21세기 한국의 정치 지형에서 정치꾼과 정치가라는 완벽히 상반된 '두 얼굴의 야누스'로 남아있다. 한 쪽에서는 순도 100%의 정치꾼으로 몰아가고 다른 한쪽에서는 순도 100%의 정치가로 숭배하려 한다. 박정희를 평가할 역사적 시간을 확보하지 못한 탓도 있지만 근본적으로그를 여전히 정치에 이용하려는 세력이 한국 정치의 주류인탓이다.

문제는 그것으로 끝나지 않는다. 우리의 이웃 국가들이 새로운 세상을 향해 거침없이 나아가고 있는 시점에서 우린 여전히 정치꾼·정치인 논쟁으로 스스로의 발목을 잡고 있다는게 필자의 인식이다. 박정희의 내면에는 '정치꾼'의 모습도 '정치가'의 면모도 엄연히 공존한다. 우리가 박정희를 평가하려는 이유는 정치꾼이 아니라 정치가의 면모에서 배울 점을 찾아 미래발전의 원동력으로 삼아야 하기 때문이다.

　박정희 경제리더십은 박정희가 가지고 있는 양면의 모습 중에 '정치가'의 측면을 가장 잘 드러내는 부분이다. 개발독재를 통한 정부주도의 성장일변도정책이었지만 결국 파산국가에 불과하던 한국경제를 세계 10대 경제대국으로 올려놓게 만들었다. 박정희 경제리더십에서 우리가 반드시 배워야 할 것은 민족과 국가에 대한 진정성眞正性이다. 가난을 퇴치하고자 했던 그의 경제정책은 다음 선거가 아니라 다음 세대를 목표로 이뤄졌다.

　우리는 이제 한국을 이끌어갈 미래 지도자들이 '정치꾼'이 아니라 '정치가'의 풍모를 갖추도록 만들어 나가야 한다. 정치꾼이 난무하는 시대에 정치꾼을 걸러내는 것은 선거를 통해 국민이 행사해야 할 첫 번째 의무이다. 여기에 한국의 미래가 달려있다. 박정희의 경제리더십은 그 판단을 도와주는 가장 중요한 잣대가 될 수 있을 것이다.

# 참고문헌

김성진, 『독재자 리더십-국가 건설의 정치 리더십 탐구』, 황소자
　리, 2007.

김용출, 『독일 아리랑』, 에세이, 2006.

김용환, 『임자, 자네가 사령관 아닌가』, 매일경제신문사, 2002.

김정렴, 『아, 박정희』, 중앙M&B, 1997.

김형아, 『박정희의 양날의 선택』, 일조각, 2005.

박정희, 『한국 국민에게 고함』, 동서문화사, 2006.

박형규 엮음, 『우리도 할 수 있다(박정희 대통령 어록)』, 은행나
　무, 1999.

백영훈, 『대한민국에 고함』, 씨앗을뿌리는사람들, 2005.

오원철, 『박정희는 어떻게 경제강국 만들었나』, 동서문화사,
　2006.

이동현, 『이슈로 본 한국 현대사』, 민연, 2002.

이완범, 『박정희와 한강의 기적』, 선인, 2006.

장하준, 『쾌도난마 한국 경제』, 부키, 2005.

중앙일보 특별취재팀, 『실록 박정희』, 중앙M&B, 1998.

# 프랑스엔 〈크세주〉, 일본엔 〈이와나미 문고〉, 한국에는 〈살림지식총서〉가 있습니다.

# 박정희

| 펴낸날 | 초판 1쇄 2007년 9월 1일 |
| --- | --- |
| | 초판 3쇄 2020년 1월 30일 |

| 지은이 | 김성진 |
| --- | --- |
| 펴낸이 | 심만수 |
| 펴낸곳 | (주)살림출판사 |
| 출판등록 | 1989년 11월 1일 제9-210호 |

| 주소 | 경기도 파주시 광인사길 30 |
| --- | --- |
| 전화 | 031-955-1350    팩스 031-624-1356 |
| 홈페이지 | http://www.sallimbooks.com |
| 이메일 | book@sallimbooks.com |

| ISBN | 978-89-522-0699-2  04080 |
| --- | --- |
| | 978-89-522-0096-9  04080 (세트) |